两万五千英里
的爱情

人民文学出版社

[瑞士] 瑟奇·洛特里 著
张慧哲 译

THE 25,000 MILE LOVE STORY
Serge Roetheli

美洲挑战赛

THE AMERICAN CHALLENGE
START: January 10, 1995 | Ushuaia, Argentina
FINISH: December 4, 1997 | Fairbanks, Alaska

著作权合同登记号 图字 01-2014-4685

THE 25,000 MILE LOVE STORY: THE EPIC STORY OF THE COUPLE
WHO SACRIFICED EVERYTHING TO RUN THE WORLD
By SERGE ROETHELI
Copyright © 2012 BY SERGE ROETHELI
This edition arranged with The Dunham Group, Inc
Through BIG APPLE AGENCY, INC., LABUAN, MALAYSIA
Simplified Chinese edition copyright:
© 2014 PEOPLE'S LITERATURE PUBLISHING HOUSE CO., LTD
All rights reserved

图书在版编目(CIP)数据

两万五千英里的爱情／
(瑞士)洛特里著；张慧哲译
—北京：人民文学出版社，2014
ISBN 978-7-02-010557-1

Ⅰ.①两… Ⅱ.①洛…②张…
Ⅲ.①游记—世界 Ⅳ.①k919

中国版本图书馆CIP 数据核字
(2014)第160185号

责任编辑　陈旻　陈黎
责任校对　方群
责任印制　李博
书籍设计　陶雷

出版发行	人民文学出版社
社　　址	北京市朝内大街166号
邮政编码	100705
网　　址	http://www.rw-cn.com
印　　刷	河北新华第一印刷有限责任公司
经　　销	全国新华书店等
字　　数	110千字
开　　本	680毫米×960毫米　1／16
印　　张	16.25　插页17
印　　数	1—10000
版　　次	2014年11月北京第1版
印　　次	2014年11月第1次印刷
书　　号	978-7-02-010557-1
定　　价	34.00元

如有印装质量问题，请与本社图书销售中心调换。
电话：01065233595

一对夫妇的史诗：

他们牺牲所有，

只为在这世界奔跑。

①John Gardner（1912—2002），美国第三十六任总统林登·约翰逊时期的联邦卫生、教育、福利部部长。本文引自他的一次演讲。（本书中注释末做特别说明者皆为译者注。）
②John Steinbeck（1902—1968），美国著名作家，诺贝尔文学奖获得者，代表作有《人与鼠》《愤怒的葡萄》

意义不像谜底或宝物般可以偶然得来。你必须努力将其构建为你人生的一部分。它源于你的过去,你的情感与忠诚,源于你所传承的人类经验,源于你的才华与理解力,源于你的信仰,你爱的人与事,源于你愿为之做出牺牲的那种价值观。材料都摆在那儿。只有你才能将它们组合在一起,从而成就你的人生。希望那是一场拥有尊严与意义的人生。倘能如此,成功或失败都将无足轻重。

——约翰·加德纳[①]

小时候,我总是想去远方。大人们告诉我,成熟会疗愈这种渴望。当时光逝去,我长大成人,他们又说,人到中年才能找到解药。而中年时,我又得知,再过些年才能冷却我的狂热。既然如今我已五十八岁,也许衰老能够产生疗效。可是,什么都不管用。四声刺耳的船号仍让我颈上寒毛竖起,双脚不自觉地轻敲。飞机飞过,引擎轰鸣,甚至马蹄的得得声都会让我产生最原始的颤抖,嘴唇发干,两眼空洞,手心滚烫,胃在肋骨的牢笼里翻搅不停。换句话说,我毫无长进;换句漂亮话说,一旦渴望了远方,便注定终生流浪。恐怕,这是一种不治之症。

——约翰·斯坦贝克[②],《和查理一起旅行》

目录

跑步是孤独的　刘建宏

前言

序言

第一部　缘起

3　第一章　要么活着，要么死去

9　第二章　遗产

17　第三章　教我做个赢家

27　第四章　高山之爱

43　第五章　妮可二号

53　第六章　告诉自己："永远"

57　第七章　冒险开始

第二部 路

63　第八章　魔法路线

75　第九章　小小世界

79　第十章　最后一次伟大的冒险

85　第十一章　达连缺口

97　第十二章　必需品

101　第十三章　新视力

111　第十四章　世界的周长

117　第十五章　人类的温暖

121　第十六章　骆驼与大美

129　第十七章　施舍

131　第十八章　感染不明物体

147　第十九章　痉挛

157　第二十章　蟒蛇

161　第二十一章　圣地

167　第二十二章　笼中之鸟

171　第二十三章　印度

181　第二十四章　这块土地上唯一的绅士

189　第二十五章　跑过飓风

195　第二十六章　失去诺拉

201　第二十七章　瑞士的阿甘

209　第二十八章　找到你的节奏

尾声

后记

附录

跑步是孤独的

刘建宏

无论现在跑步是一件多么时尚的运动，在公园、健身房相约跑步的人有多少，在我看来，这也依旧是一件私人事务。

无论什么人向你宣扬跑步的好处有多少，跑步是一个多么神奇的运动，它其实就是个简单的事情，只需要你迈开自己的双腿。

虽然过程极为简单，却也给你提供了和自己独处的最好时机。跑步是孤独的，但也是有趣的。和自己对话，看到自己的心灵，这个时候你完全拥有自己，并且能敏感地感知到自己的一切。

我开始跑步的原因很简单，因为想保持状态，在尝试了健身器材之后，发现只有跑步是最经济实惠的运动，一身运动服、一双跑鞋，不需要别人同行，一个人就可以轻松开始。

我喜欢在早上跑步的时候思考工作，计划如何制定，各项安排如何展开，甚至一些主持和解说的桥段也是在这个过程里完成的。

我不喜欢在跑步的时候听音乐。虽然看起来戴着耳机奔跑很酷，可在我看来，难得的独处时间如果不留给思考，那么留给孤独也是不错的选择。

我曾经被人鼓动着去跑马拉松。从五公里开始，但北京马拉松从第一时间就破坏了我的兴致。首先是要早起，路上耗时很多，到了现场耗时更多。好不容易等到了出发，跑五公里的被安排在最后一组，在人群中蹒跚了很久之后，才能勉强放开脚步。

之后我又去厦门跑了十公里，感觉略好。但出发依旧是个大问题。就算风景好于北京，但整体体验也不是很满意。

去年的衡水马拉松，我决定挑战半马。这是我的第一个长距离，但很可能也是最后一个。两小时六分的成绩在我的意料之中，但完赛之后的反应之大还是让我有些痛苦。肌肉酸痛了好几天。整个人的状态也因此受到影响。

我不得不承认，看起来我并不具备完成全马的能力，而且就算能跑下来，我也不想再经历那样的身体不适。

于是，我果断中止了这样的尝试，回归常态，依旧是每周跑上四五次，每次六七公里的样子。这样的指标没有什么玄虚，只因为这是我觉得舒服的距离和强度。

这样的一个过程也帮助我完成了对跑步的一个循环式的思考。

不同人对跑步目标不同，方式不同，过程和结果也截然不同。我追求的是闲云野鹤式的漫跑，对，是漫，不是慢跑。所谓"漫"是指不给自己太多压力，不给自己太多标准，是典型的轻松舒适型。因为我一旦觉得哪里不舒服，我会马上停下来，确认到底出了什么问题。我知道坚持不懈的道理，但在实践中也开始运用变通的方式。我不再坚持每天早上必须跑步，有时候工作忙了，下午跑也可以，实在不行，晚上跑也能接受。甚至今天不跑，明天跑。我也不再坚持什么配速和时间。只要按照自己的想法跑就够了，就可以收工。所以我现在出去跑步，手表、手机啥的全都不带。我完全可以替自己做主。

我当然也羡慕那些生猛的跑者，但不攀比是我这些年慢慢明白的一个道理。你只需要跟自己较劲，让跑步成为习惯。经年累月，蓦然回头，那已经是一段长长的路途。

我不否认，我是特别的。但，你也是特别的。完全没有必要重复别人的道路。就像我推荐的这本书，也非常特别，有共同爱好和经历的情侣竟然在最后选择了分手。

所以说，跑步从来不是万能的。它只是我们的一个爱好。一个让我们体现出各自不同的爱好。

刘建宏

于2014年8月5日

前言

以下寥寥数语其实不只是前言。它们代表着我对一位男士和一位女士源源不断的爱。他们一直努力设法实现自己最为疯狂的梦想——比任何人敢去的地方更远,比任何人敢跑的路途更长。他们之所以如此,既是出于热情,为自己也为他人轰轰烈烈地生活,也是出于帮助最为贫困的人群生存下去的渴望。

穿越欧洲,继而穿越北美和南美,然后环绕整个地球。

他们身上既体现出个人主义又体现出利他主义，这与他们完全不相称，就像他们做的所有事情一样。

有人因为愤慨而嚎叫，有人因为艳羡而嚎叫。既然已经不相称，他们就只能做出不相称的回应——就像他们的冒险，就像他们的希望，甚至就像他们的天真，最重要的是，就像他们的成功。他们只让那样一部分人感到不舒服：那些人害怕冒险，害怕越过自己的舒适区，只能靠远远看着他人失败来安慰自己。然而，瑟奇与妮可没有失败……他们成功了——相当完美的成功——这让那些胆小鬼们重新归于平庸。正如我们所有人都该去做的那样——他们带着毅力，带着打开的心灵与眼睛，跑过这个世界，穿越人生的旅程。

感谢你们带给我们这段旅程，我的朋友，只是，是否有一天我们也可以跟随你们的足迹？

贝特朗·皮卡尔[1]

---

[1] 贝特朗·皮卡尔（Bertrand Piccard）是瑟奇·洛特里的精神支柱。瑟奇认为，他的环球之旅能有贝特朗从头至尾的关注是他莫大的荣耀。一九九二年，贝特朗·皮卡尔赢得了第一届横跨大西洋热气球比赛。之后，在一九九九年，他又与布莱恩·琼斯（Brian Jones）共同进行了首次无停留环球热气球飞行。二〇〇四年以来，他一直致力于一个名为"太阳脉冲"的项目。该项目已经证明太阳能飞机可以不添加燃料便夜以继日地飞行。他的下一个挑战是驾驶太阳能飞机环绕地球。第十章中有更多关于皮卡尔家族的信息。

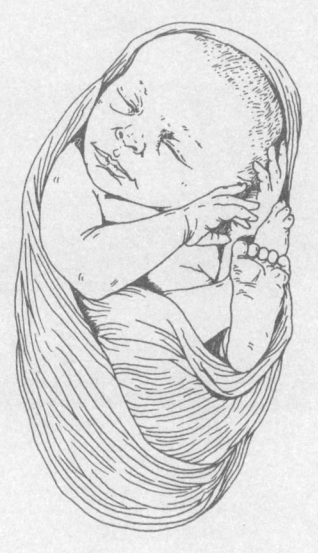

序言

世上没有任何东西可以取代坚持。才华不能,怀才不遇者俯拾皆是;天赋不能,天妒英才是老生常谈;教育也不能,高分低能者已充斥着整个世界。只有坚持与决心无所不能。"前进"这句口号已经并将一直解决人类的种种问题。

——卡尔文·柯立芝[①]

人类的身体天生不能承受那么恶劣的条件。他们一直这么说。起初他们这么说,那会儿甚至都还没开始。中途他们这么说,那会儿还有失败的空间。所有人都来添油加醋,因为,任何事情的第一次,总是被视为"不可能"。

和其他所有好事儿一样,它也是因为打赌而开始的。一个温馨的威尔士小村子里,一位旅店老板发现自己和一个猎人拌起了嘴。焦点是什么?速度。谁能跑得更快?人还是马?

[①] Calvin Coolidge(1871—1933),美国第三十任总统。

猎人倾向于马。旅店老板则倾向于人。旅店老板争论说，多跑几英里人就会赢。这取决于耐力。

于是，一九八一年，为了平息争端，一场人对马的马拉松比赛开始了。比赛比真正的马拉松要短，只有二十二英里，路线皆为恶劣地形，需要参与者稳步前进。他们穿过丛林，越过河流，艰难而小心地抵达终点。令旅店老板气恼的是，第一年，四条腿儿的参与者以绝对性优势取得了胜利。因此，比赛年复一年地持续了下去。直到二〇〇四年六月，有史以来第一次，比赛发生了大逆转：人类赢了。

应当承认，关注此事的人并不多。人马马拉松并未像超级碗①那样引起过多的讨论。不过，的确有人看到了正在发生的事，那就是丹尼斯·布兰布尔（Dennis Bramble）。

布兰布尔是美国犹他大学的一位生物学家。当时，他正与哈佛大学的一位古人类学家丹尼尔·利伯曼（Daniel Lieberman）共同研究人类运动能力的一个重要方面。远在那两个喝醉的威尔士人发生争论之前，这两位显然并非理想主义者的学者就与那位旅店老板持有相同的观点。他们认为人类的身体具有某些显著特征，这使它更适合于奔跑——尤其是长距离奔跑。

"我们从头到脚都充斥着这些特征，而其中大多数对于走

---

①Super Bowl，即美式橄榄球冠军总决赛。

路来说毫无用处。"利伯曼说。换句话说，它们之所以存在，肯定另有目的。和狮子、羚羊，或者任何在撒哈拉沙漠中狂奔的动物一样，人类对于奔跑有着本能的欲望，也有能力拼命跑，跑得快，跑得远。

布兰布尔与利伯曼着手进行了一系列的实验。其中一些偏于科研，因此较难理解。比如有一个实验用到了肛门体温计，它被放进了一只在跑步机上奔跑的猎豹体内。不过，总体的成果则颇为引人注目，或许能让那位威尔士旅店老板穿着短裤跳起来。他们研究认为：人类天生就能比地球上的任何动物都跑得快。

这一观点让我着迷，不仅因为它本来就很迷人，还因为我爱跑步。我爱将我的身体逼进到那些看似不寻常并且没希望的尽头。换句话说，我相信"不可能"。

我的职业是登山向导。尽管我出生于瑞士苏黎世，但在一九六七年，我父母迁居到了西恩，它位于瑞士二十六个行政州之一的瓦莱州。我长大的这个地方被冰封的罗纳河谷与质朴的马特洪峰环绕。马特洪峰的山麓代表着东南西北四个方向。瓦莱州位于瑞士西南部，它的南边是意大利，西南是法国。而头顶，则是阿尔卑斯山。每一天，我都带着游客迷失于由瑞士地势、无边的冰川和四千米的山峰共同构成的那复杂的美。在这样一个已被过度清晰详细地绘制成地图的世界里，来到瓦莱州，你会遇到难以数计的野生动物，遗世独立的村庄，以及无人履及的路途，在这里，你仍会迷路。

一九八六年，我遇到了一起滑雪事故，被匆匆送往医院。这并非第一次。我的左侧膝盖和右侧脚踝分别在一九八二年和一九八四年动过手术。这一次，医生给我的右侧膝盖拧上了螺钉，并且告诉我说，我伤得很重，很可能无法再次走路。他对自己的诊断很有信心。当然，我也像所有的懂事病人一样，认真地听着他的话。可是随后，我很快就忘了他的话。换句话说，我决心要比马跑得更快。

这，就是这个故事的缘起。至少在很多方面都是。人常常期待更少，而生活却给予更多。问题在于，你可以接受生活所给予的并为之心满意足，但你也可以断定，心满意足并非一种真正令人满意的状态。

我不仅再次开始走路，并且开始了奔跑。我跑过一百英里长的死谷①；在一天之内从五千二百五十英尺（大概一英里）高的科罗拉多大峡谷边缘跑到谷底的科罗拉多河又跑回来；在冬季的欧洲，我从直布罗陀海峡跑到了挪威，四千三百七十五英里；在意大利，从巴勒莫跑到米兰②，一千一百英里；我沿着泛美高速公路③从南端的阿根廷跑到了阿拉斯加的费尔班克

---

①Palermo，西西里首府。
②the Death Valley，位于美国西南部，是世界海拔最低和最干旱的地区之一。
③the Pan American Highway，美洲大陆各国间的长途公路，全长两万五千公里。

斯，这段旅程被我妻子妮可和我昵称为美洲挑战赛——历时三年，跨越一万五千英里。直到跑完它，我才真正开始。

就我记忆所及，始终有一个问题在我的脑海中高声回响。它把怀疑击退，并打开大门迎接奇迹的发生。这个问题对每个人而言都真实地存在，但却极少被人提起。如果完全自由，你想做些什么？如果尽力而为，你的双腿可以带你走多远？或者更重要的，你的头脑可以带你走多远？你想看到什么？你想去哪里？这世界是否能够满足你所有的愿望？

简单点说：你要创造出什么让自己去实现？

即便到了现在，即便在我所经历过的那一切之后，这个问题仍惊奇地存在于我的脑海里。当你不再毫无必要地将自己陷于理智，一个全新而又显然没有界限的世界便呈现在眼前——这是一个可以容忍梦想存在的世界。

在完成美洲挑战赛两年之后，妮可和我决定，我们应该再度离开位于西恩北面的瑞士小村格拉诺瓦，卖掉我们的房子和所有家什，抛下两个宝贝孩子——克莱拉与史蒂夫，告别家跟朋友的安全与舒适，而这一次，我们的目标简直不可思议——环球跑。之所以开始这次冒险，是因为我们想看看，也想帮助其他人看看，这世界的辽阔，与它的居民的美丽。

我们的目的不仅仅是冒险与自由，同时还想发现并展示地球脆弱的那些方面，特别是贫困儿童。通过穿越世界，我们可以讲述沿途相遇之人的故事，并且告知世人如何才能更好地帮助他们。我会全程跑步，而妮可则会骑一辆雅马哈摩托车陪伴我。雅马哈上会套一辆小拖车，以运载我们这一路的必需品。我们将在一千九百一十天内跑过两万五千四百二十二英里，穿越六个大洲。无论在任何情况下，我们都绝不会放弃。

我知道，这是一个大计划。即便到了现在，即便它已经完成，我仍得承认，这个想法听上去相当疯狂。需要做的太多，几乎无法实现。环球跑？怎么会有这样的念头！！其实，大计划起初通常都不大。只是一个小小的内核，然后生长、改变、发展。它们从你心底的一个裂隙生出嫩芽，然后便伸展枝干，直抵你的脑海。初生的它们只是一个小斑点，然后才渐渐成长为触手可及的实体。

如果想做大事儿，你可不能被貌似巨大的困难吓倒。任何事都不能一蹴而就。你得循序渐进，设置有望实现的较小目标。在这次环球之旅中，我没有想过横亘在眼前的全部路途。那会是对精神的一种折磨。我所考虑的，只是今天要跑的那三十英里。如果我可以在白天跑完三十英里，并且能够在晚上恢复精神和体力,那第二天我就可以再跑三十英里。最后,每天的三十英里加在一起,你就真的可以跑完整个世界。

和大多数人一样,你或许会想,是什么促使一个人跑这么远?是多么自私的狂妄和野心支撑着这样一个看似疯狂的行为?当然,的确有种光荣的诱惑。那便是完成这样一项壮举给人带来的自我满足。如今,为了成为第一个吃螃蟹者,人们时刻都在开始各种不同的冒险。他们想名留青史,想把自己的故事、自己的照片、自己的视频写成书拍成电影。他们已经失去了冒险的真谛。

然而,我和妮可的第一次冒险并没有带相机。比起让旅途更划算、更圆满来说,还有更为重要的东西:行动的自由。

保罗·柯艾略[1]曾经写道:"人生总有意外的挑战,考验我们是否拥有改变的勇气与意愿。假装一无所知或借口尚未准备都毫无意义。挑战不会等待。人生不能回首。"

我相信,每一天我们都面临着挑战。今日之我,如何能好于昨日?如何能突破自我的边界,使每一天对于我们自己,以及我们的同路人而言都意义非凡?选择了环球跑,妮可与我都知道,我们不仅是在挑战自我的极限,也将重新定义自我的边界。我们将遭遇就我们的理解来说全然陌生的文化与人群。也许有一些比我们幸运,但其他的很多人,非常多的人,

---

[1] Paulo Coelho,出生于一九四七年,巴西著名作家,代表作有《牧羊少年奇幻之旅》等。文中句子引自其作品 *The Devil and Miss Prym*(2000)。

亲身体验过的只有贫穷、疾病，以及命运的坎坷。

在这段长达两万五千英里的路途中，我的双脚时而敲击在柏油路上，时而敲击在丛林小径上。这些活生生的体验迫使我们去质问自己。它们搅动着我们的心。它们引领我们去纠正对他人的看法，去拓宽我们的思路，并且不可避免地，它们迫使我们去改变我们的习惯。

听起来，环球跑这事儿似乎很神奇，似乎是一场真的有如史诗般恢弘的冒险。而正像接下来你会读到的一样，它的确如此。不过，决定在某一天改变生活轨道，像我们所做的那样出发去环球跑，让我们也放弃了很多东西。为了实现梦想，必须付出代价，而这代价并非总是微不足道。

足足五年的时间，我们下定决心，离开了家人，离开了朋友，离开了确定而安适的生活。我们不能在自己的厨房里做饭，不能在自己的城市广场喝咖啡。我们不能与孩子一起去超市或是共度周末。那几年里，妮可和我有数不胜数的理由去放弃这段旅程——疾病、车祸、受伤、天气，以及战火纷飞。这个单子可以列得很长很长。可是，正如我们在人生的坎坷途中早已领悟过多次的一样，最有收获的经历，得来绝不会轻松。试炼总会存在——身体与精神都难幸免。有很多次，你会想放弃，或是身边人会令你质疑自己的决心。但你必须再次上路。你必须系紧鞋带，巩固决心，努力跑完这段路程。

没有奇迹方案，也没有魔法十步；有的只是人类对挑战的接受。当你决定行动，那本身已是一种胜利。每一天，你走出来，并愿意去面对你的恐惧与坚持，你便已经赢了。

妮可常说，冒险无处不在，你唯一需要做的只是去寻找它。她是对的。这是一本关于爱的书。关于我们对冒险的爱，对自由的爱，对自然的爱，对孩子的爱，以及，对彼此的爱。它记录了这爱是怎样产生的，为什么会产生，以及我为什么希望它永不停止。它不仅是给我的，也是给你的。

在这本书里，我会带你一起上路。环球之旅也许的确历时五年，跨越两万五千英里，但事实上，它远远不止于此。它是我的整个人生，是我从出生到现在走过的每一步。而如今，我已人到中年，两鬓斑白。这是一个爱情故事，但却与传统意义上的不同。它所描述的不仅仅是男人和女人，妻子和丈夫。那样的故事，有很多人都比我写得好。而我写的，是一场持续了一生的爱——我爱这世上所有的路，与栖息于其中那所有的人。

你会跟我一起穿过森林，那是我童年的后院。你会跟我一起打拳击，随后成长为一名登山向导。当我陷入爱情时，你会坐在我的身旁——不是一次,也不是两次,而是三次。你还会陪我一起跑过美洲挑战赛和环球之旅。最后,你会和我一起回到我所归属之地,祈祷你能带走一些人生经验以及我终于深深懂得的真理。

无论你来自何处或从何开始,这都无关紧要。拥有的多少,保证不了幸福乃至成功。

你不可能一夜之间赢得比赛。要取得胜利,唯有通过坚持,通过日复一日的努力。要取得胜利,得把每一件小事做好。要取得胜利,你得相信,你能跑得比马快。

第一部

缘起

第一章
要么活着，要么死去

  人之出生，并非自母亲诞下那日便一劳永逸。生活迫使他们一次又一次重生。

——加西亚·马尔克斯[①]

  我是在一辆出租车和医院大门之间的人行道上出生的。毫无疑问，这是一个奇特的开端。这似乎也暗示了接下来我的人生——总是急着到处去跑，到处去看。我从来都没拥有过……那个词叫什么来着？耐心。对，耐心。

  那是一九五五年五月八日。事情开始得莫名其妙。当时，我父母和我年仅三岁的哥哥正在苏黎世度假，打算晚上去看马戏。但是，我母亲已经怀了七个半月的身孕，感觉非常疲

[①] Gabriel Garcia Marquez（1927—2014），哥伦比亚作家，诺贝尔文学奖得主，代表作有《百年孤独》等。

劳——当然，这可能是因为有像我这样一个精力过于充沛的孩子在她肚子里。因此，她决定不出门了。她一边用她那严厉的、固执的语调絮叨着（我会永远记得这种语调），一边把我父亲和我哥哥送出了门，自己则留下来休息。

只不过她没能休息多久。我父亲和我哥哥兴高采烈地刚离开一会儿，她就破水了。我认识的绝大多数女人在这种情况下都会吓得彻底惊慌失措。她们会打发旅店的服务员，或者门口路过的陌生人，甚至恨不得派架直升机去把她们的丈夫找回来，然后抓着领带把他们拽到自己的病床前。可我母亲不会。她从来都不会制造混乱。向来沉着强大的她只是下楼来到大厅，仿佛要去买一袋苹果那样登上一辆出租车，指示司机开往医院。"我要生了，"她说，"你要是能开快点儿就再好不过了。"

说实话，那个司机有些疯了。面对这种紧急状况，他比我母亲还要紧张。他超速、加塞儿，还不停地用手指尖薅着头发，而我母亲则在后座上大口地抽着气。

"他要出来了。"她镇定地说。她说得很对。

尽管司机努力加速驶过刚刚下过雨的街道，但还是太迟了。就在医院的大门前，我母亲刚刚迈下出租车，我就滑了出来，一个丁点儿大的孩子生在了这世界的大街上。回头想想，对于后来的我而言，这种出生方式相当适合。或许，正是因为这样出生，我才成了曾经和现在的我。

早产了整整两个半月的我当然很小。事实上，我非常轻，只有一千三百一十克，也就是二点八八磅。不过，尽管生来弱小，我却像所有的新生婴儿一样，在那儿哭着，打着哈欠，伸展着四肢。

等我父亲和我哥哥看完马戏回来时，简直吓了一跳。他们离开的时候，我母亲还怀着七个半月的身孕，回来的时候，家里却多了一个新成员。

"天啊！"我父亲扬起双手说道，"他就不能等等吗！"然后他弯下腰吻了我一下。就这么简单，我有了名字：引起骚动的孩子——如今都五十七岁了，我却还得带着这个头衔！

既然早来了两个半月，那么，我的家人还没准备好迎接我，这事儿也就毫不意外了。但是，不管有没有准备好，我都已经来了。他们必须得做点什么。于是，他们就用了他们仅有的一样东西来迎接我：那就是爱。

我那令人难以置信的弱小从第一天开始就让医生们担忧不已。出生之后，我在医院的早产儿病房待了整整十四个月。我努力地活下去，努力地从一天熬到另一天。我父母必然要来看我。穿着白大褂的医生站在他们身旁，做出嘘声的手势，满面忧虑。他得留在这儿，医生说，离开是拿他的人生冒险。但是我父母只知道两件事。第一，长期住院根本不是真正的人生。第二，总有一天，他们会负担不起我的账单。他们必须掌握我的人生，并且做出选择。

"瑟奇得跟我们走。"我母亲的语气像平时一样果断。她签署了一份文件，声明会对这个决定和我的健康负全部责任。然后她把我，这么小的一个小孩儿，挟在腋下，迈出了门口。她说："他要么活着，要么死去。我们必须得冒险一试。"仅从这个镜头，你就可以知道我父母有着什么样的精神，而我又是在什么样的哲学下被抚养成人的。没有冒险，绝无回报。详细一点说就是，束手旁观，绝不会换来健康的生命。人生中总有那么一些时刻，给你的唯一选项只有适应，而除了与之相应的态度，你别无选择。这种态度从一开始就非常重要。是这个决定让我突围，让我坚持，让我幸存了下来。

我哥哥总说，我那种在任何条件下都能生存的强大精神始自我出生的那一天，并在我母亲带我离开医院后仍然持续。这话也许有道理。对很多人来说，人生是一波又一波的惊喜；但对绝大多数人来说，人生只是日复一日的平实。这并非一种糟糕的生活方式，只是很稳定。不过对我而言，对我那种出生在人行道上的精神而言，人生永远是一个挑战。时而璀璨夺目，时而无比艰难。始终遍布风险。然而，无论在何种境况下，我总是努力成为赢家。并且，我想在我母亲走出医院大门那一刻，她也明白我身上的这一点。

第二章

遗产

> 如果长大意味着放下尊严去爬树,那我永远都不要长大,永远不要,永远不要!反正我不要!
>
> ——J. M. 巴里[①]

如果要找个人为我的顽固负责,那肯定是我母亲。她是这么强势的一个女人。也许太过强势了。那种力量可以让你直接停止呼吸。不是一次,也不是两次,而是永远。

注意,这并不是说她对我们不够慈爱或不够关心。她是一位好母亲。只是她的言行没有裹上糖衣,因此让一切都显得非常,呃,真实。

我哥哥伊夫小的时候,我猜是将近十岁那年,决定喂狗

[①] J. M. Barrie(1860—1937),苏格兰剧作家、小说家,创造了彼得·潘这个形象。

狗吃些杏脯。我父亲喜欢狗，所以家里总是养着一两只陪我们玩。我妈妈永远是最聪明的那个，她告诉我哥哥，不要喂狗狗吃杏脯。

"它不会喜欢的。"她胸有成竹地说。

可我哥哥这个好奇宝宝回答："它肯定会喜欢。让我试试。"

多数母亲恐怕都会随他去了。男孩子毕竟是男孩子，永远好奇心旺盛。可我母亲不会。

"好吧。那你就去试。"她说，"不过，一旦狗狗不喜欢，你就得自己把杏脯全吃掉。不许浪费食物。"

我哥哥（愚蠢地）同意了这个条件，然后开始让狗狗对着杏脯流口水。狗狗只在嘴里叼了一小会儿杏脯，就因为厌恶它的味道而把它吐回了地上的尘土里。这显然不是好吃的狗粮。哥哥无助地抬头望向妈妈，但却知道自己别无选择。他捡起沾满狗狗口水的杏脯，一口气全都吞了下去。

自然，当时的我看到这一幕觉得很有趣。不过她的简单生硬并非只针对我哥哥。她的教训对我和我哥哥一视同仁。

十四岁那年，我要去森林里建一个堡垒。在我们长大的瑞士西恩，数不胜数的树木和山峦围绕着我们的家。那里是为少年的好奇与勇气准备的天然游乐场。我经常会去大自然的深渊中冒险，寻找让我吃惊或快乐的东西。最后，我时常会在树林里停下，假装自己是个伟大的征服者，到处翻找，并建造一座堡垒。而这一次，在建造堡垒的中途我停下来休息，找到了一个新的消遣：葡萄藤。我兴奋地一跃而上，像人猿泰山一样悠悠荡荡，心满意足地大叫着。不幸的是，葡萄藤可不像我这么开心。我听到头顶传来劈裂声，顿知这游戏的结局不会太妙。葡萄藤断了，我被甩到空中，直接撞上离我最近的一位邻居：一棵巨大的树干。

我的胳膊伤得很厉害。它被割出一道深深的口子，汩汩地流着血，甚至让我这么一个肠胃相当好的男孩都感觉有点恶心。我尽可能地用树叶裹住伤口，然后骑着自行车开始了回家的一小时路程。

尽管这已经是四十多年前的事了，但我至今仍清晰地记得当时的恐惧。注意，我害怕的不是那个伤口，我知道它终归会愈合。我只是担心我母亲会说什么。

我带着满身的树叶和血渍进了门。我疼得要命，看起来相当可怜。但她毫不惊慌。她没有冲过来问我怎么回事或者我是否安好，只是看了我一眼，然后说道："去把你自己洗干净，给伤口消消毒。"她说这话的时候那么冷静，你肯定想不到她的儿子正遍体鳞伤地站在她面前。噢！我真是不愿去想，要是我从战场上回来她会有什么反应！

我按她说的做了。整个过程中,她一直在背后盯着我,以确保我认真清洗了伤口并消了毒。毕竟,她是一个母亲,她关心我的安危,只是她也希望我能明白教训里包含的原则:你的任何决定都会导致相应的后果,所以你必须为你自己的行为负责。如果你想像泰山那样在树林里玩耍,好,你可以去,但要知道会发生什么,并且确信你的行为值得冒这个风险。

我承认,在我成长的过程中,并不总是理解她的严厉。在某种程度上,也许我希望她能温柔一些。"好了,瑟奇,好了。一切都会好的。"换成这样我会更高兴。但是最终,我不得不说,"谢谢你,妈妈。"因为时至如今,当我决定做一件事,就一定会坚持到底。我不会摇摆不定。当我说"是",我的意思就是"是"。当我说"否",我的意思就是"否"。承诺,并且遵守,这真的不是一件容易事儿,尤其在明知其风险或后果的时候。但是,我的妈妈教会了我如何做一个诚实的人。事实上,她告诉我没有任何其他的方式,在人生这么早的阶段就见识到了原则的力量,这也是一种恩惠。

当然,不仅如此,她最终还教会了我:你要为你的选择付出代价。这个教训伴随了我的一生,并在我的多次冒险中证明了它的无比珍贵。到头来,我想正是这一区别造成了那些有很多梦想的人,与正在实践梦想的人之间的鸿沟。归根结底，很多人都不愿或不能为他们的选择付出巨大的代价。他们只愿付出微小的代价，这样他们冒的风险便会小一些。然而，我却能够付出最大的代价，因为我母亲的善意足以让我看到一个值得为之付出的世界。冒上全部的风险，意味着你能得到它的全部。

还有一个关键元素也同样重要：永远永远不要为了一时之欲而放弃你最大的梦想。很多人都目光短浅，看到的只是当下的伤痛与当下的牺牲，却忘掉了最终的价值与奖赏。当你从这样一个短视的角度去看待各种情况，必然会错过生命中最有价值的那些东西。

我清楚地记得，在我长大的过程中，学校是个大麻烦。和数以百万计的其他孩子一样，我害怕上学。学校太乏味了。每天我都会问我爸爸和我妈妈："今天是周末吗？"而他们的回答总是让我失望。

并不是说我讨厌学习。也许恰恰相反。我喜欢学习。我有开放的头脑，开放的视野，可以接受数以千计的事物。但公正地说，我不能以多数人的方式去接受教育。我需要的是活跃的教育。我想通过实验或置身户外接触世界来学习。两眼盯着窗外，安安静静地在椅子上坐上几个小时，这太不自然了。而和现在一样，我是一个属于自然的家伙。我只愿意在洗澡时和睡觉时身处室内，其余的时间还是让我出去吧。天空、山峦、街道，这些才是我的家。室内只是一个大本营，别无其他价值。在室内待上两个小时，我就得找个理由逃出去。在学校也是这个问题。和另外二十个孩子一样，一遍一遍又一遍地做着同样的事情，或者只是一个小时又一个小时地倾听。

我的天——多无聊啊！

有一天，我对我妈妈说，我不想再去学校了。那时的我才十二三岁，无比地固执。我对学校厌烦了，感觉只是浪费时间。我妈妈贴近了看着我说："我接受你的决定，瑟奇，但是你将终生为此付出代价。决定权在你。"然后她转身离开，回到厨房继续切她的洋葱。

她的话吓了我一跳。经过一番思考之后，我认识到，也许，对，我应该再多上一阵学校，多学一点东西。然后我就这样做了。我将永远为此感激，因为尽管上学在当时看来似乎是个巨大的牺牲，但我终究还是了解到，教育是实现诸多可能的平台。当你的头脑变得敏锐并开阔，你的生活能力也会随之增长。

在环球之旅中，我遇到了无数上不了学的孩子。他们或者是住得离学校太远，或者是因为贫穷。无论原因是什么，他们都被缚住了双手，从而导致他们的人生选择受到了限制。我尽我所能地鼓舞他们。不过，在遇到那些已经上了学的孩子们时，我则变得非常固执。坚持，我对他们说，坚持下去。只要能做得了这个，你就能做所有的一切。我给他们的教训和我母亲给我的一样：永远永远不要为了一时之欲而放弃你最大的梦想。也许，通过在这些土地上跑步，我获得了比僻居苦读更多的乐趣。可是，如果不是因为教育，我又能有多少机会在这些土地上奔跑呢？这个问题的答案总是让我会心微笑，并且对我母亲的强硬与果断表示衷心的感激。

而我的父亲，则是另外一个故事。我觉得人生的结局对他来说有些太过惨烈。我记得的他，还是我很小的时候，那时的他正值盛年，还没有被酒精毁掉。（也许这正是我从不嗜酒的原因。）或许他并没像我母亲那样给我留下太多深刻的印象，但我仍要在此提及他，因为他以他自己的方式影响了我。正是由于我父母之间的不同，由于他们那硬币的黑白两面，才成就了今天的我。

我爸爸很年轻就去世了，五十九岁。与我妈妈相反，他带给我的是敏感的、琐碎的东西，是我妈妈无法拥有的风格。她没时间去做那些感性的小事，似乎受到情绪上的影响会耗干她的精力。而我父亲则无论在哪儿都很愉快。现在的我，无论是看到高山上的一朵鲜花、蓝蓝的天空、美丽的湖泊，还是一位老朋友，都会非常高兴，这一事实显然遗传自我父亲的性格。

在环球之旅的过程中，我想过他上千遍。并不是我多么想念我的爸爸，而是突然意识到了他送给我的礼物。那会是在某个下午两点，妮可和我会在某条路边搭起帐篷。那里无事可做，也无物可看。事实上，没有什么特别的东西。但我们必须在那儿停下来，因为那天我已经跑了二十、三十，或者四十英里，必须得在某处停步。你得让你的精神恢复。你的身体也需要休息，这样明天你才能继续开始。于是你吃、喝、睡，就这样。给自己补充燃料。并且，在让身体恢复的同时，你得学会对你的头脑做同样的事。保持你的心智健康同样很重要，这样你才能充满力量，接受第二天一早又要踏上路途这个事实。这并不总是件容易事。

就是在那些时候，在沙漠中央，在空荡的山洞里，心无旁骛之时，我会无限感激我的父亲。他教会了我如何恢复精神，教会了我学着在一无所有时保持乐观。

年满十八岁之后，我选择了我自己的路——一条勤奋而充满活力的路。我成了一个真正的冒险家。然而，我的父母仍是我独特的一部分。或许我不常见到他们，尤其是我父亲，但时至今日，在他们都已厌倦了这片土地，辞世而去之后，他们给予我的精辟真理与传递给我的爱仍然陪伴着我。

第三章

教我做个赢家

> 一个人性格的最终形成取决于他自己。
>
> ——安妮·弗兰克[1]

人们总问我是什么时候开始跑步的,很简单,我告诉他们,是从我开始学拳击那会儿。听到这个答案,大多数人都会滑稽地看着我,头歪向一边,就像一只可卡犬[2]。这并非他们意料之中的回答。我猜想,出于某种理由,他们全都认为我从三岁就开始跑马拉松,绕着人行道一圈圈地跑。只有在如此极端的前提下,你才能够跑得这么远,这么久。但事情并非如此。因为我是一个拳击手,我才开始跑步;因为我的哥哥,

---

[1] Anne Frank,《安妮日记》的主人公与作者。
[2] cocker spaniel,猎犬中体型最小的品种。

我才成了一个拳击手。

　　我哥哥伊夫总是照看我。也许是他长得太快了，填补了我爸爸留下的空白。他承担了父母的角色，并且，不论是否出自他的本意，他都成了我的向导。他还是一个体格相当强壮的孩子。我们之间的差别不仅仅是三岁的年纪，我出生时是一个早产儿，而他则是一个巨大儿，所以，你可以想象我们在体型上的不同。当他走进一个房间时，人们无法忽视他的存在。无论是他的性情还是他的体型，都让你不得不去听从他。和他比起来，我简直微不足道。

　　在我人生的最初那些年里，在我离家之前，伊夫和我非常亲密。他将我保护在他的羽翼之下，并且不断地鼓励我走出去，去观察，去实践，去看。他带我接触了运动。他带我走近了大山。他尽其所能地给我提供了人生的各种机会。而且，并非只有我看到了他的友善。所有人都崇拜我哥哥。无论做任何事情，他总是第一个完成。他是一个完美的学生，而我则是他完美的反面。

　　在我们长大成人，踏上各自的路途之后，他和我一样，也从事着冒险的生涯。他到处旅行，到处跑步，到处打拳。不可避免地，他也成了一名山地向导，不过是另一个层面上的。我总是有些走极端，跑到外面挑战极限。而他则总是更脚踏实地一些，始终秉承着责任感。

是他的责任感引导我开始学拳击。十五岁那年，我开始训练。我哥哥去过一阵儿拳击馆。我爸爸热爱拳击，并使我哥哥对其着迷。伊夫觉得它会对我有好处。我想他知道我的人生需要指引——我需要找到一个出口，将我全部的精力投注于某物，并使其拥有生产力。我本是一个有可能踏上歧途迷失自己的孩子，幸运的是，伊夫没有让那发生。

起初我不想去拳击馆。伊夫颇费了一些工夫来说服我。我对他说，那不适合我。我还是太瘦，也许是早产的后遗症。而且，坦白地说，我不明白为什么要去打自己朋友的脸或者鼻子。我觉得那不太舒服。看上去很不友好。于是，我哥哥说："好，你不用非得做个拳击手，只是来见见这里的几个家伙。这里的气氛很好。我们会帮你的。我相信你一定会乐在其中。"所以，跟以往的大多数时候一样，我相信了他，去了拳击馆，并且在那儿发现了最终对我而言极其自然的那种召唤。

第一年，我遇到了我的教练安德烈·埃斯皮诺萨。他无疑是我人生中的一个重要人物，并且在接下来的十二年里一直陪伴在我身旁。他培养了我接受打击并永不放弃的能力，在这一点上，他胜过了其他所有人。在起初的那十二个月里，我每周训练一到两次。强度并不大。拳击手的训练课程取决于他们在职业生涯中所处的阶段。既然我根本毫无职业生涯可言，训练也就相对轻松。像我这样的初学者要从基础开始。你学习如何击打三种关键的沙包：训练袋、速度球和双头球。你增强你的耐力，跳绳，做健美操，慢跑。你做一些空击训练，拳王阿里在美国广播公司（ABC）的《疯狂运动世界》(*Wild World of Sports*)节目中的演示让它名声大噪。不过，意外的是，尽管偶尔会练习几次，但你并不会学到多少真正的拳击。在开始阶段，重要的不是急于参赛，而是让你自己适应，打好基础。我做的就是这些。而正如我哥哥所说，那里的气氛很好，很健康。是那种让人情绪饱满的竞争。

那一年，我第一次在学拳击时被打成了黑眼圈。在训练中，我受到了重重的一击，带着一张被殴打过的脸回了家，上面还有几处血迹。我到家时，妈妈正在起居室里看书。通常在这种情况下，妈妈们都会从椅子上跳起来，急切地关心你："怎么回事？你还好吗？快去床上躺下。怎么做才能让你感觉好点儿？"可我妈妈只是坦然地看了我一眼，然后又接着看她的书。

我站在那儿停了一会儿，对她的平静感到失望。她又抬头看向我，态度显而易见。"噢，不要抱怨，"她说，"你想当一个拳击手，这就是你该付的代价。别跟我哭诉。拳击手就是要挨打；拳击手就是要流血。试着去习惯吧。这很正常。"

就这样，她仿佛给了我第二次真正的一击。

一年之后，我已经几次三番被打成过黑眼圈，我哥哥和我的教练说，该去打一场真正的比赛了。我不知道自己是否感兴趣。我对现状很满意，乐在其中，不想将它搞得一团混乱。很可能我是有点害怕。这是要从地面登到台子上。每次提升比赛规格似乎都令人胆怯。不过我的教练把我拉到一边，说了一番令我永生难忘的话。

"你还不是拳击手。你太瘦，又太小，力量也不足。但是如果你听从我的建议，并且努力练习，你的付出就一定会得到回报。总有一天你会为自己所做的感到开心。"

于是我同意了。我又训练了四个月，只不过强度略有增加，然后便开始了我的第一场比赛。置身拳击场上令人兴奋不已。起初，你担心那些围观的人群，总是不由自主地注意他们。但是，当你踏入场内，挥出第一拳时，其他的一切便在刹那间停止、旋转。那一刻非常不真实。不幸的是，第一场比赛我没能打赢，不过也没输。我们打平了。而我那时的性格——让我提醒你，一个难缠的十六岁男孩，对这样的结果感觉很不舒服。因此，我告诉教练我想再打一次。于是他安排了一下，而我赢了我的第二场比赛。当然，那意味着我尝到了胜利的甜头，所以我说："再来一次！"作为必然的规律，第三场比赛我输了。总体而言，输赢参半，而我最讨厌的事就是平均值。要么好，要么坏；要么拼尽全力，要么彻底放手。含糊不清不适合任何人。

打完第三场比赛之后，我一路走，一路仔细地思索着眼下的情况。然后我去了教练的公寓，敲响了他的门。"我得跟你谈谈，"我说，"我已经练了一年半拳击，打过三场比赛。赢了一场，输了一场，平局一场。我对这种状况不满意。我们得开始真正的训练了。要么你教我做个赢家，要么我就彻底放弃。"

站在他的门前，在夜色的遮蔽下，我想他终于明白了在他面前的是个什么样性格的人，而我也终于意识到了我拥有着什么样的性格。我并不擅长这个，我也并不是为之而存在的。忘了什么天生的巨星吧。如果我要去做这个，就会全身心地投入。它需要的不仅是时间，还有努力。我会失去和朋友相处的机会，会失去四处闲逛的时光，但是在我身体里面，有着和我母亲一样的本能。既然决定了要做某事，就要为之付出代价，否则不如弃之一旁，转而投身其他事情。

"好，"他说，"那么，我们至少再训练四到五个月，让你比现在更强，然后再去打比赛。但是你必须刻苦训练。一周最少来四次，每天早上都要跑步。你必须为它付出你的全部。"听到这话，我露出了笑容，没有什么东西是我不愿付出的。

在那段训练期之后，我开始赢了。在我整个拳击生涯中，只有一次失败令我感到遗憾，那就是第一次。因为那是唯一一次我没有全身心投入的比赛。在那之后，我只输过十一次，其中有九次都未打完全场，而是教练将我拉出了赛场，让我弃权。他知道我不是个强壮的拳击手，一旦站到场上而又毫无取胜的希望，那么继续下去只会让我受伤，并毁了我的职业生涯，所以，他将我拉了出去。脑袋上挨了一拳之后就可以结束了，你知道吧？在某种程度上，这真的是幸存下来的一种方式。但是我知道，正如他也知道的，他必须去做下决定的那个人。靠我自己，我永远也不会有能力选择放弃。

在那之后，成功似乎以一种不可想象的速度驱策我前进。二十一岁那年，我和其他两名拳击手一起被推选出来，代表瑞士参加在加拿大蒙特利尔举办的一九七六年奥运会。这或许是我生命中最不真实的时刻之一。我一直刻苦训练，我一直打拳击赛，可这真的只是为了成为最好的自己。我已经得过两个瑞士拳击锦标赛冠军，但是从未奢想过成为奥运会的一员。然而，机会来了，就坐在我的门槛上，在我踏足拳击馆仅仅六年之后。

得知自己被选中后，我决定停止工作四个月，全身心投入训练。一周七天，从早至晚，我会全神贯注于如何在这项运动中取胜。做出这个决定并不容易。没有薪水可拿，必然很难付账单，很难收支平衡。你没有时间见朋友，没有时间交女友，没有时间旅行。从此你便嫁给了拳击场。然而，为了成为一名奥运拳击选手，我认为这些都是我所必须付出的代价。我告诉自己，如果你打算做这个，就不能三心二意。于是，教练和我开始了残酷的训练，比以往任何时候都更刻苦。那些清晨，那些深夜，那些汗水、奔跑与血泪。

在原计划动身去蒙特利尔的两周前，教练敲响了我家的门。我记得他站在门口，一脸严肃，似乎全部活力都被从他身上抽走了。我以为是他家里发生了什么事。他肯定是听到了什么坏消息。他的眼睛里本来每天都会充满阳光，我从未见过他如此沮丧的样子。他拿着一个折起来的薄信封，垂头丧气地站在门口。他把信递给我，我打开阅读。他收到的是来自瑞士拳击队一名正式成员的信。

联盟出现了一个巨大的问题。事实上是则丑闻。现任拳击联盟主席卷走了账户里所有的资金，由于其这一行径，瑞士拳击队将无法参加奥运会。他已经被捕入狱。信里面保证，调查正在进行中。

在我的职业生涯中，从未受到过如此的打击。

调查进展缓慢。正义的取得并非一帆风顺。直到原计划出发的那天，我仍然抱有希望，却始终没能得到肯定的答复。于是，飞机起飞了，只是上面少了三名奥运健儿。

这是我生命中截至当时最大的失望，即使到了今天，它仍是我最失望的事情之一。我做了我力所能及的所有事情，我做了我控制范围内的所有事情，然而最终这些都毫无作用。一个人的自私打败了另一个人的辛苦努力。在那一天，我学到了冷酷的一课——时至今日仍偶尔让我难以接受。有些时候，无论你做对了多少事情，生命都有它自己的轨迹。你尽可以去尝试，但你无法控制全部。毋庸赘言，我很高兴那个主席已经进了监狱，因为如果让我在街上见到他，我会一拳打上他的鼻子。在这件事之后，我对教练说，我准备放弃拳击。当时我二十一岁，已经得过两个冠军，也承受过一次无比巨大的失望，已经备尝人生的苦与甜。

"我干不了这个。"我告诉他，"我把自己逼到极限，却落得这样的结果。"他定定地看着我，几乎像是第一次不太确定该说些什么。然而，他的建议却一如往常地简洁、中肯。

"当然，你可以停止。你说得对。我理解你的挫折感，也理解你的决定。事实上，我自己很可能也会做出同样的决定。

但是等你到了五十岁那天,你的脑子里只会剩下一个念头——后悔。因为你是如此地盼望成为一名拳击手。而你永远不会再有这个机会。"

我请了两个多月的假去思考这个问题。我仍然不太确定。但是在这之后,我知道他是对的。我不能因为另一件事的失败而放弃我所热爱的事情。我不能缩短这段旅程。于是,我重新绑上拳击手套,在拳击场里又待了六年,直到二十七岁。

最终,我一共打了十二年的拳击,八十四场比赛,获得六个冠军,并学会了如何偶尔出击。这无疑将是其后的岁月里我所需要的一种特质。

第四章

高山之爱

> 奋斗与苦难是人生的本质。惟其如此，生存才有价值。若不能迫使自己突破安全区，不能对自己有更高要求——一路前行，一路开拓，你所选择的，便是麻木的存在。你在拒绝开始一段非凡的旅程。
>
> ——迪安·卡纳泽斯[①]

告别拳击运动之后，我的下一个目标相当清晰。那便是我一直受到召唤，也一直备感挑战的地方——高山之巅。还在儿时，母亲便把对高山之爱教给了我。我知道什么样的男人才能成为它的掌控者，什么样的男人才能掌控这样一件上帝笨拙的作品。世界上最伟大的山峰之———马特洪峰，诱使我走出拳击场，走进了世界的后花园。事实上，这个决定是自然而然地做出的。

[①] Dean Karnazes，来自美国的世界超级马拉松之王，曾被《时代周刊》评选为全世界一百位最具影响力的人物。

我总是说，讲述马特洪峰的故事，就是讲述我的人生。要攀登它，即便是最轻松的行程，实际也很艰难。当然，我这么说并非抱怨，亦非后悔，相反，我深深地感恩。挑战，是我人生中一切精彩之事的根源。

马特洪峰的顶点高达四千四百七十八米（一万四千六百九十三英尺），加以技术上的难度与体能上的劳累，令它成为阿尔卑斯山脉中攀爬起来最高，可能也最复杂的一座山峰。不过，比起登顶成功，这些只是区区小事。高高站在策马特城①上方，深深吸一口气，远远眺望泰杜尔小径，你便会了解为什么这一切是值得的。你会明白，为什么"决心"是人类最值得拥有也最为可取的品质。

然而，故事并非在登顶之后便告结束。返回营地的路途与向上攀爬时同样困难。平均每年都有十二人紧紧抓着马特洪峰的冰缝咽下最后一口气——多数发生在下山途中。

马特洪峰是人类最后征服的几座山峰之一，它标志着登山运动黄金时代②的结束。一八六五年七月，虽然略有微瑕，但爱德华·温伯尔③首次成功登顶了马特洪峰。这并非人类第一次尝试攀登耸立在瑞士与意大利边界的这座高山。此前有文字记载的便有七次，但全都失败了。然而，温伯尔与他的六人团队爬到了山顶——终于成功了！这是一个无比得意的

---

① Zermatt，位于马特洪峰北坡的山坳中，是观赏其的最佳地点。
② The Golden Age of Alpinism，指一八五四到一八六五年，在此期间，阿尔卑斯山脉的主要山峰均被首次登顶。
③ Edward Whymper（1840—1911），英国登山家、冒险家、插画家、作家，以成功登顶马特洪峰的第一人著称于世。

时刻，只是消逝得太过迅速。若是他们足够幸运，能安全返回山下就好了。

从一八六二年到一八六五年的三年里，温伯尔一直在与约翰·丁达尔①作战。这位爱尔兰科学家同样将目光投向了这座令人敬畏的山峰。两人一直在竞争，都积极尝试从意大利的一侧登顶。但是他们一次又一次地失败了。温伯尔不愿败下阵来，于是转而尝试瑞士的一侧。这一侧太可怕了。它的凶险几乎是种嘲弄。和温伯尔一样，很多人都相信，从瑞士一侧登山比从意大利一侧登山更加致命。从外表看的确如此。用登山术语来讲，这是人类的直觉。当然，讽刺的是，高山极少被人类的推测所限制。尽管瑞士一侧的路线似乎有着一副更具威胁性、更为可怕的面孔，事实上，它却较为容易通行。在几次短途的尝试之后，温伯尔在一块陡峭的岩石后面发现了一条隐藏着的小径。最终，和他的六人团队一起，他抢在爱尔兰的丁达尔之前成功登顶。

然而，下山的路却没有那么顺利。团队中的每一个人都与另一个绑在一起，七个人系在同一条绳子上。他们希望这样便不会有人轻易被凸起的边缘绊倒。可是，这种友爱最终证明代价高昂。当带头者打滑失足时，后面的三个人瞬间和他一起跌倒，沿着陡峭的山脊笔直坠落，惊恐的尖叫回荡在

---

① John Tyndall（1820—1893），英国物理学家，英国皇家学会物理学教授。首先发现和研究了胶体中的丁达尔效应。

后来者的耳畔。多亏意外的好运，或者上天的悲悯，绳子在第四人与第五人之间断开了。断裂令三个人得以幸存，悬在那里目睹刚刚还鲜活的生命在面前逝去。最终，他们安然无恙地抵达了山脚，带着胜利，也带着失败。

温伯尔被视为登山领域的先驱。他的行为具有开创性。他的攀登是与高山的一次交谈。通过这场对话，他可以得知自然界中这雄伟的一部分最期待怎样被人类掌控。

一八七一年，他出版了一本书，名为《登上阿尔卑斯山》（*Scrambles Amongst the Alps*）。书中记载了他的多次登山冒险，包括最为声名远播的登顶马特洪峰。他当时的感觉与我此刻很像。对高山这一大自然的奇迹，以及使之魅力无限的那些小细节——从初绽的野花到闪耀的冰晶——那种崇敬，那种深深的尊重，以及那永恒的畏惧。尽管他对那些山峰始终充满爱恋，却永远不会再次尝试登顶阿尔卑斯山脉的任何一座山峰。

"如果你愿意，就去登山吧。"他这样写道，"但是请记住，没有谨慎、勇气与力量便毫无用处。一时的疏忽，会毁掉终生的幸福。不要匆忙，看好每一步，开始时就要计划结束。"

最终，直到一九三一年，马特洪峰的北坡——阿尔卑斯山脉最伟大的六个山坡之一——才被人类征服。时至今日，马特洪峰仍是最为危险的山峰之一。从一八六五年温伯尔首次登顶到一九九五年，已有五百余人死于登山途中。

当我在二十七岁那年决定去做一名登山向导时，马特洪峰便盘旋在我的脑海里。若想真正有所成就，我需要一个挑战，需要为某些重要的事情而去奋斗。除了成为一名阿尔卑斯山脉的专家，我想不到什么事情能更好地检验我的体力与脑力。高山早已融进我的血液。

在我母亲年轻的时候，每年夏天她父母都会带她去马特洪峰附近的山上。从十二岁到十六岁，她把一周又一周的时间用来攀登那些陡峭的岩石。在登山运动的领域里，成就的界线是四千米。这对所有人都适用。这是一条看不见的界线，但你会点头说"干得好"。三千八百米，没人会眨一下眼睛。但四千米就完全不同。这算得上件大事儿。而我母亲也知道这一点。尽管她当时还那么年轻。在瑞士，我们有三十七座超过四千米的不同山峰，这可以翻译成我们有三十七次体验这种成就感的不同机会。于是，年仅十二岁的她完成了她的第一次四千米攀登——阿拉林峰[①]（四千零二十七米或一万三千二百一十二英尺），并且成为成功登顶的最年轻女性。六十年后，在她七十二岁的时候，我哥哥伊夫又带她去了那座山，并陪着她再次登上了同一个山顶。

[①] Allalin，阿尔卑斯山脉中的一座山峰，是海拔四千米以上的山峰中最为容易攀爬的一座。

所以，当我决定我的人生需要有所改变时，我的血管中流动着的就是类似这样的一些东西。我的拳击事业到了一个瓶颈，已无太多发展空间，于是，我写信给瑞士拳击联合会，告诉他们我的故事已经走到了尽头。当天下午，我注册报名，申请成为一名登山向导。决定就是这样做出的，从那一刻起，我所有的努力都是为了成为一名向导。

做一名登山向导可不是件小事。并非做了决定便能唾手可得。你不能穿上最好的西装，打上最好的领带，拿着完美的简历来到就业办公室，期望迷人而得体的外表会弥补你的不足；你不能许诺自己会在工作中进行学习。一旦开始这个工作，你要负责的便不是一个截止期限或一个项目……而是一个人的生命。你的生命，以及你所带领的那些人的生命。你知道实际情况会是什么样子吗？你要知道，当你说"走左边"，他们就会走左边；当你说"走右边"，他们就会走右边。在一天结束之时，是你的选择、你的言辞、你的直觉，令那些母亲、父亲、女儿和丈夫可以带着一生难忘的记忆平安快乐地回家。

选拔向导的过程相当严苛，尤其是在瑞士。就连培训所要求的经验都高得吓人，很多人在这一关就直接被筛掉了。你得有能力应付山上的所有状况，不论工具有多破，天气有多糟糕，同伴有多缺乏经验。

瑞士登山向导培训是一个全球认可的标准——从美国到加拿大到法国。约有一千三百五十名有资质的向导是瑞士登山向导协会的成员，而其中只有百分之一是女性。你得熟练掌握基本面和所有细节——登山、攀爬、徒步、滑雪。你得熟悉两种以上的语言。你得冷静镇定，同时时刻警惕危险。高山尚未被人类驯服。它有它自己的性格。

一九八四年，我开始了培训，此后又花了三年时间才最终通过登山向导考试。第一年，你参加一次考试，从一名候选者过渡为真正有理想的登山向导。要略过这一部分，你就得在很多项技巧上全都获得四分，包括在任何条件下去滑雪，在浓雾或者糟糕的天气去演练，以掌控指南针、地图、救援、雪崩、攀岩和攀冰等等。

对我而言，最困难的一项是技术滑雪。十六岁那年，我才开始滑雪。感谢我的妈妈，让我在很小的时候就做过技术登山。有个指南针，我就可以在任何地方进进出出；我可以在最高的岩脊上布置一场宴席。但是早期的滑雪实在太贵了。因此，在十六岁那年，我试着自学这门艺术，从来没去上过哪怕一个小时的课。有很多滑雪运动员也兼做登山向导，但我一直都与之相反。我是一名会滑雪的登山向导。现在想来，这是我的优势。但在当时，这是一个相当大的困扰。

第一年考试之前，一位老师把我拉到一边，说："我们该拿你怎么办，瑟奇？几乎所有课程的所有等级你都拿了最高分，可是你的滑雪……"他停了下来，像一位失望的父亲那样摇了摇头。"我们不知道该拿你怎么办。你能得到的最低分应该是四，最高分应该是六，但诚实地说，你应该得三点五分。"

当然，这让我担心。如果达不到底线，没能通过，你就无法前进，只能等来年再试一次。所以，亲爱的读者，我相信你可以猜到，退缩的想法又压上了我的心头。

我竭尽了全力，但是还没蠢到相信自己通过了。然而，最终的分数却不同寻常，我得了四分。

老师对我使个眼色。"瑟奇，今后的两年里，你必须更加刻苦地练习这些。"他说，"下次考试要考得更好。"

那天离开的时候，我站在那里，带着指关节的擦伤，一直想着十三年前拳击教练对我说过的话："你还不是拳击手。但是如果你努力练习，总有一天你会为自己所做的感到开心。"这话对于滑雪同样适用。有些才能并非天生拥有。有些必须受到压迫才会释放。我知道，能通过考试，我很幸运，而我不能浪费这个机会。

第一年过后，队伍里百分之七十的人都被砍掉了，只有我们四十二个人留了下来。此后，我们被分成若干个六人小组，与一名专家一起进行我们所有的训练和跑步。同一群人一起在旷野里度过这么多个夜晚，呼吸着高海拔地带稀薄的空气，自然而然就会变成一个联系紧密的团体。我们全都刻苦训练，通过了最终的考试。我们成了正式的登山向导。

　　此刻，当我写到我这个六人小组时，我们之中只有两人仍然在世，其余的人都死在了山上，以各种不同的方式被岁月带走。除我之外的另一位幸存者也曾面临九死一生的关头。他遇到了雪崩，整个人全被埋住——被找到时，他已经冻伤，并且陷入了昏迷。如果再迟几分钟，甚至几秒钟，他的生命便无法挽回了。

　　这显示了这份工作有多么危险。世上最好的工作——但却不是最轻松的。

　　关于做一名登山向导，有一个事实是，绝大多数时间的体验都很棒，很轻松。你无法想象，你口中的工作却是他人口中的假期。多么走运！但是一年也有那么两三次，你会被吓到。醒来的时候，你意识到高山变成了一只猛兽。你是否是最好的向导，或你是否做了最好的决定，这都无关紧要。有时候，根本没有什么好的选择，一切都是大自然的心血来潮。

我可以清晰地记起，在过去的二十八年里，有那么四五次，死亡离我只有咫尺之遥。而每一次当我回到家时——老天保佑，每次我都回家了——我都不由自主地相信，那里肯定有某位神祇，裁定我的时辰未到。因为我知道，让我平安下山的，并非我做的或说的任何东西。

第一次大惊吓是在我做登山向导的第一年。那天，我和一位顾客一起去爬一座山脊。出发前，我们查询过天气，感觉自信满满。预报说将有暴风雨，但是会在当天很晚的时候来临。我们有一整天的时间爬上山，然后筋疲力尽地溜回家，守着热腾腾的饭菜和跃动的火苗放松下来。我对天气预报心存感激。作为一名山地人，天气和山峰对你来说有着同样的重要性。

那天的开端很好。冰崖又高又滑，颇具挑战性。而那位顾客是个很棒的登山者，这让事情进展得很容易。天气也非常完美。不会让你累得流汗，也不会严寒刺骨。我们缓缓攀上冰崖，抵达山脊顶端，感觉心满意足。

可是，刚刚翻过山脊，我们就收到了一份令人不那么愉快的大礼。大朵大朵的乌云包围了我们，黑暗铺天盖地。毋庸置疑，暴风雨即将来临，就如已到舌尖的话语，正准备脱口而出。乌云迅速地翻涌。我知道，就算我们跑得再快，也会被拦在回去的路上。

我让我的顾客赶紧动作起来，我们也争取到了很多时间。但是，我们前面还有另外两个登山者——两个独自攀上山脊的十余岁少年。老天，他们看上去吓坏了。虽然身材健硕，但是他们的每一个动作看上去都随意而仓促。他们很快就要犯错误了，我想，而这个错误将无法挽回。毕竟，高山永远不会像人类那样宽容。

显然，他们也意识到了同样的问题。

"我们能上你们的绳子吗？"他们气喘吁吁地问，声音歇斯底里。他们的眼睛非常无辜地大睁着。我想，他们这一生都没有这样恐惧过。

我看向我的顾客。我知道我会怎么做。但在这样的情况下，这并非我真正的选择。

"你决定吧。"我说，"是你付的钱。如果带上他们，我们的速度至少会慢两倍。暴风雨会拦住我们，你知道会发生什么。"

谢天谢地，那位顾客是个好人。他毫不犹豫地做出了正确的选择。

"我们还能怎么做？"他问，"我们不能把两个小男孩自己留在这里。明天早上我们醒来的时候，就会在报纸上看到他们的名字。两个年轻男孩因暴风雨而死于山脊。不，不能这样做。"

然后，他低头看向那两个男孩如释重负的脸。我把他们挂到我们的绳子上，然后继续前进，虽然缓慢了很多。

我们正在攀绳下降的时候，暴风雨来了——真是惊险的一刻，因为攀绳下降是登山过程中最危险的部分之一。你要完全依赖你的装备。那些人造设备是唯一能够保护你不撞上地面的东西。

暴风雨一波波袭来。起初瓢泼而下，细小的岩石有如纸屑般漫天飞舞。我们悬在山崖一侧，指望大自然能保护我们不受大自然的威胁。可是，跟第二波暴风雨比起来，这一切都算不上什么。雨横空而过，将天空变成了灰色的幕布。气温几乎是在刹那之间便不可思议地下降了二十度。我们身下曾经柔软的绳子立刻冻得像铁丝网一般僵硬。我让那三名登山者先爬了下去，自己也跟着往下爬，正在这时，一件令人难以置信的事情发生了：雷击。然后，我落下去了，朝地面落去。可我感觉不到。我什么都感觉不到。最终，雷电还是击中了我。

超级幸运的是，我那天做了一件难得去做的事情。我给自己打了一个法式抓结。对于登山向导来说，有一件事很奇怪。

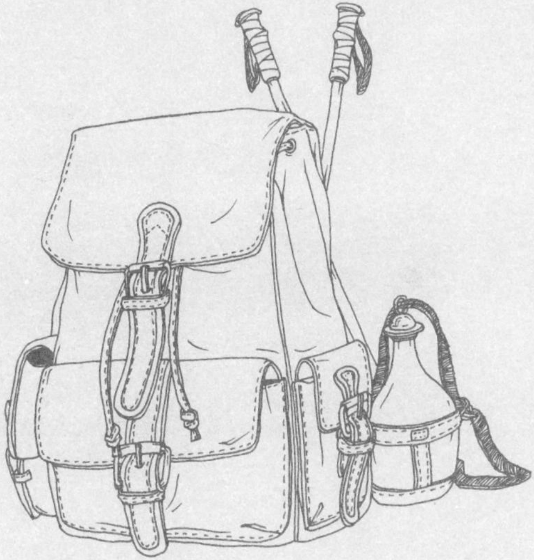

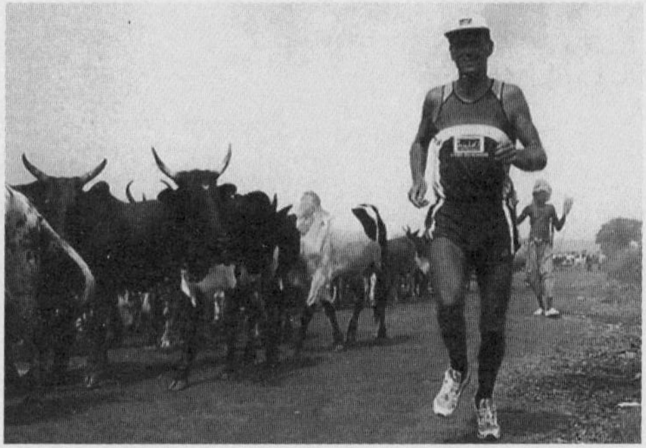

你总是对顾客非常谨慎。为了保护他们，你会检查每一个小细节。但是轮到自己——无论是出于安全考虑，还是希望速度更快——你不会总去做那些额外的小事。对我来说，不会总做的事情之一就是给自己打一个法式抓结。

这种类型的安全结系在攀绳下降设备的下方，会随你一起沿着绳子下滑。对于攀绳下降而言，它并非必要之物，但却是另一种安全保障。如果你在攀绳下降的过程中停住了，它就会锁紧，防止你继续下滑。只要有这个安全结在，你就可以松开绳子，可以清除障碍，它能防止你失去控制，也能在你被什么东西击中时让你停住——比如掉落的岩石，比如雷电。

等我苏醒的时候，我仍震惊地悬在空中。之后，我开始小心翼翼地继续往下爬，整个过程中，我的双手都像关节炎患者那样不停地颤抖着。而这就是高山给予的冲击。不论发生了什么，不论你有多么害怕，你都得继续前进。放弃，就是以握手来迎接死亡。

当然，我最终下到了地面。当我的双脚触到岩石的那一刻，我的整个身体都在抽搐。那是全然不敢置信的颤抖。当你与死亡如此接近却又擦肩而过，你会认为自己肯定是在欺骗自己。你的人生从此将永远改变；如今，你开始相信奇迹。

那天深夜，我们抵达了夏蒙尼①。告别白日的恐惧之后，我们换上了四张欢快的笑脸。那两个男孩深表感激，许诺永远不会忘记我为他们所做的一切。他们所言不虚。直到今天，在这么久之后，事实上是在几十年之后，那两个男孩——现在已经是男人了——每年仍会写信给我，感谢我救了他们的命。

像这样的记忆总会深深刻在你的脑海里，这真是令人惊讶。与死亡的面对面就像一个触发点，总会在每一次生死边缘出现。多年后的一天，在攀登马特洪峰北坡的时候，那两个男孩的面容在我的脑海中再次浮现。当时,我一个人在山上，正在进行一次单人攀登。对所有人来说，这都是此生最大的冒险。你没有绳子，没有同伴，一无所有。只要犯一个错误，你便会掉下去，一米又一米，直至死亡。但是对我而言，始终有一点保障。当你知道你不能犯错时，你的注意力就会无比紧张，无比集中，从而使你成为迄今为止的登山历程中最安全的自己。你不必担心其他人会搞砸或走错。你依赖的全然是你自己的技术。这让我很放松。

单人攀登的时候，我总是选择比我的最高技术水平低两级的目标。这能提供一种平衡和安全保障，以防意外发生。至少，这样一来我便知道我是在自己的专业技术范围内，从

---

①Chamonix，法国小镇，阿尔卑斯山脉的典型山城。

而会产生舒适感。但是在那一天,即便再多的专业技术也无济于事。

那天的天气很好。太阳就挂在山顶。你能感觉到春天即将到来,花朵正酝酿盛开。我想在冰雪消融之前最后登一次山。那是一个无比完美的时刻。我在那里,独自一人,山麓上一个孤独的身影。那是一条具有挑战性的线路,恰好可以让我的心跳加速,干劲儿十足。但它又很悠闲,若是我不想,就不必驱策自己。旅途的前半程相当愉悦,我对自己感到满意。然后,突然之间,仿佛嫩枝咔嚓折断,我悬在了山崖上,维系我生命的只有一把破冰锥①。

显然,太阳一整个早上都在啃噬着冰层,一块葡萄粒大的石头挣扎着脱离了大山的掌控。然后,就在几秒钟之间——就在我为自己辉煌的一天沾沾自喜之时——石头落了下来,正中我的膝盖。我们在这里谈论的不是某种微微的触碰。不像有人轻拍你的肩膀,礼貌询问是否可以借过。不,那块石头的力量介于"真快"和"天啊真快"之间,足以打得我失去支撑。我丢了一把破冰锥和一个冰爪,悬在那里,进退两难。就在片刻之前,独处高山还是一件令人无比振奋的事儿,可突然之间,就变成了彻底的恐惧。上一秒我还在自信地攀登,下一秒却像个小丑般垂悬。

① ice pick,用来凿冰的尖头小工具。

我开始剧烈地摇晃。就是这样，我想起了之前一起下山那两个男孩的脸。我们当时是怎么下去的？现在，只有一把破冰锥和一个冰爪，我又该怎么下去？

我保持同一个姿势在那儿待了半个小时，学着重新开始缓慢呼吸，说服自己我还没死，我可以安然无恙地返回营地。然后，我费尽全力一步一步地往下爬。真的，有如奇迹一般。

那天晚上回家的时候，老实说，我仍然有些发抖。我走到后院，看见我的两个孩子，克莱拉和史蒂夫，正在圆木上跳来跳去。他们那时候还是两个小东西。令人难以置信的渺小生命，然而却旺盛地成长着。他们丝毫没有意识到自己差点失去了父亲。

我费力地咽了一下口水，然后走进房里。母亲一直告诉我，你会为自己的梦想付出代价，我知道她是对的。但我似乎正越来越清晰地看到，我的代价将是我的生命。

第五章

妮可二号

> 很久很久以前,有一个男孩爱上了一个女孩,她的笑声,是他愿意付出此生去回答的问题。
>
> ——妮可·克劳丝[①]

我没有去寻找她,但她就在那里。一个不可思议的灵魂突然闯进了房间。她绿色的眼眸跃动着,映着光的斑点和一些笑意。她长着一头棕色的头发,只是有点油腻而蓬乱,但是当她摇着头、讲着话、将酒杯端到唇边时,她的发间耀出了金色的光芒。她是那么年轻,那么轻盈。那一刻转瞬即逝,却又像旋转木马一样,在眼前一再闪现。

莫卡姆堡咖啡酒吧坐落在西恩城中心喧闹的丹布兰奇大

[①] Nicole Krauss,出生于一九七四年,美国畅销书作家,作品有 *The History of Love*, *Great House* 等。

街上，是一家没什么特别之处的酒馆。路过时，你不会注意它，离开后，也不会想起它。当然，除非你碰巧在那里遇到了什么不同寻常的事情。酒馆自身的形象相当乏善可陈。黄褐色的墙壁老旧不堪，用一些仿造的日本画和一些业余画作覆盖着。几乎没什么陈设可言。似乎是有人在祖母的地下室里发现了一堆乱七八糟的东西，就把它们仓促地拼凑在一起，任其在地上横行肆虐。

当时，她正和一名年轻男子一起坐在桌前。男子看上去比她略大一点。我以前见过他一两次。以任何标准来说，都是个不错的家伙，声音很柔和。他拿起他那一大杯梅洛葡萄酒，酒液从杯沿溅了出来，然后他若有所思地啜了一口。接着他低下头，微微向她侧过身去。从他的动作就可以分辨出来，当然，他喜欢她。不过我没太在意这个。有一些类型的人，就是会让所有人都喜欢。而这个女孩，这个栗红色头发的女孩，必然会是他们当中的一个。

那天我是和一个客户一起去那儿的。我们正在谈论他计划中的一次登山。他请我给他做向导，但是刚好那周我要离开，去进行一次为期七个月的长跑，所以，登山就得延期了。这一天，我们只是在商讨细节。他咬着指甲，不确定自己是否能够成功。天气会怎么样？要花多长时间？我试图聚精会神，让他放心。但是,该怎么说呢?另一个人总在分散我的注意力。

我的心没有等待多久。我的直觉同样简单。这是本能。有些情感,你可以和任何人类分享。短暂的一瞥不会引人注意。但有些人,只要看上一眼你就会立刻知道,此生你都不会再用这样的眼神去看别人。只是扫了她一眼,我的血液便开始沸腾。它迅速流遍我的全身,从我强健的脚踝,到我头顶的发根。感觉有些像一见钟情。这句老话居然可以如此魔力无穷。我是说,在这样的现实里,怎么会有这样的魔法?可是有时候,你就是逃不开它。

有些时候,魔法是唯一的解释。

客户离开之后,我穿过硬木地板来到房间对面。老橡木在我的脚下弯曲,我的步伐有些跟不上我的思绪。年轻的时候我便知道,若是发现某人或某事让你心跳加速,千万不要停下脚步。一旦犹豫,便会失去。

我是那么清楚地意识到自己腹部的每一次凹陷,膝盖的每一次弯曲。我已经多年没有紧张过,但是这个女人,这个如此弱小却又如此醒目的女人,她身上的某些东西突然让我的情感变得不可预知。我在他们的桌子旁停下来,定定地看了她一分钟,然后,我抓住一张摇晃的椅背,开口说道:"我能和你们坐在一起吗?"然后迅速地坐了下去——不给他们说"不"的机会。

在这一生里,所有人都会告诉你做人要实际。你应该像一辆结实的轿车那样明智和,呃……周全。他们会把这样的信念塞进你的脑袋。他们会告诉你,你不能做某些事情,某些事情是不可能的。他们会希望你找一个伴侣,来减弱你想无礼傲慢、想在大街上裸跑、想再喝一杯的本能。"理智一些!"他们会大声呼喊,"有些时候你得表现得像个成年人。"这些人并不是坏人。他们只是有点过于老套。他们的羽毛被拔掉得太多,以至于忘了自己是只飞鸟,忘了自己是种可以飞得如奇迹般高远的生物,就连身下的云朵都能变得像葡萄干那样小。

初次与某人相遇有种绝对的美。那是因为,在此之前,你的生活遵循着全然不同的轨迹。你在不同的家里系好你的鞋子,你在不同的家庭祈祷中低下你的头。你在太阳不同的一侧下醒来,和上千个不同的人共享圣餐。但是,所有那些决定和经历,无论可能会有多么不同,引领你来到了一个不同寻常的相同点。你的双脚站在了同一条路上,你可以在同一个时刻,同一个时区,同一个房间里握手致意。

坐在桌前的那一刻,我感觉妮可就像起跑架前的一匹马。她就是这么强劲有力,已经准备好获得自由。这种能量已经在她的体内蓄积了很多年，她需要找个方向将其释放。她已经准备好改变她的人生。我猜想本来可能会是跟一个纽约画家或是一个法国大厨。了解了现在的她，了解了我们所经历过的一切，我猜想她本来可能愿意跟任何人走。但是，我第一个接近了她。于是，她不能通过画画或烹饪或教书来改变她的人生了。改变她人生的，将是跑步。

她只有二十一岁，比我晚出生了十三年。但是她却非常成熟。她在阿尔顿长大，那是距离西恩只有大约六英里的一个小村庄。儿时的她是个胖乎乎的小女孩，但精力已经很是充沛。她的父母非常爱她，向她展示了人生的真正价值——努力工作、诚实，以及独立，这种种美德。她所拥有的一切都是通过努力和意志得来的。从很小的时候开始，她就去山上的葡萄园里干活。阿尔顿的山坡陡峭，像梯子一般向上竖起。山峰和葡萄藤一起攀升，足有两千四百多英尺高。她从没参加过露营，但却熟悉野外，喜欢在葡萄园和森林里消磨时间，还喜欢和她的父母一起分享丰盛的野餐。

她的妈妈——通常是个非常积极活跃的女人，通常会和她一起去田里——在她还很小的时候就开始承受疼痛的发作。当剧烈而突然的疼痛刺穿她的身体，让她动弹不得时，她可能正在家里忙活，做着一些像熨烫衬衫这样的简单事情。随着时间流逝，疼痛开始扩散，导致了炎症的发生。不久，疾病占了上风，破坏了她关节处的大量软骨和骨骼。肌肉、韧带、肌腱，这些平时牢固构建起关节的东西，如今开始虚弱。没过多久，妮可的母亲便卧床不起了。她的关节炎发展到了一定的阶段，就连灌暖水瓶或者晾衣服这种简单的工作，都变得艰巨而不可能。

在母亲患病期间，妮可自己也遭遇了很多困难。一天，她走在街上，一个鲁莽的司机撞上了她。她飞到空中，又落了下来，重重地摔在了草地上。事故发生后的三个月里，她的世界始终笼罩着一层浓雾。医生说那是脑震荡，并保证说，用不了多久，她就能恢复自己的正常速度，再次开始奔跑。

然而，痊愈之后，只过了短短几年，正在新堡[1]一家化妆品工厂的生产线上工作的妮可再次被健康之神抛弃了。这次，她遭受了严重的化学品中毒。事件愈演愈烈，对这个成长中的女孩产生了重大的影响。她的脸上有剧烈的灼烧感。她丧失了记忆，一阵阵地意识不清。她还发现自己经常在工作时睡着。医生带着他们的听诊器和闪亮的器械蜂拥而至，得出了一个伤人的结论：脑水肿。

脑水肿意味着颅骨里有过量的液体，结果，大脑便膨胀了起来。膨胀当然有它的代价：它会危及流往大脑的血液，

[1] Chateauneuf，西恩附近的一个村庄。

或者使大脑在颅骨里四下移动，导致脑损伤，甚至——如果你能够想象的话——更为致命的后果。青春期的整整两年，妮可都在尝试恢复健康的平衡，同时还承受着身体和精神上的剧痛。

困难使我们对光明心存感激，困难使冒险似乎更有价值，这种情况并不少见。当脑袋终于摆脱困境时，因为无数次体验过健康的基本价值，妮可有了一个新观点。付出昂贵的代价之后，她学到了，这世上最宝贵的东西，是靠自己的双脚站立的能力，是透过清晰的双眼看到每一天，是以我们自己的方式谋生，达成我们自己的交易，养活我们自己的家人。妮可仍然会偶尔生些小病，但她决定以一种感恩的方式去生活，永远不会在一天结束之时觉得自己没有对其充分利用。也许她还没有准备好去迎接一次大冒险。她还有些青涩。但是我可以看出，她轻易便捕捉到了身边人的态度，并极其渴望去证明他人的错误。

在她年轻的时候，人们会说："可是妮可永远都不会成功。那是不可能的，那么一个农村孩子。她永远都做不到。"但是在内心深处，她一直是个伟大的冒险家。她只需要找到这样的自己。无论遇到什么事情，她总是快乐的，激动的，幸福的。这就是当时坐在我对面的女人。我可以从她脸上看到纯粹的感激和理解。那是会传染的。

　　妮可已经在莫卡姆堡做了两年的服务生。生意不忙的时候,老板玛德琳就会让妮可见见朋友,喝上一杯浓红葡萄酒或是忧郁的梅洛。和她在一起的男孩叫查尔斯－亨利,一个能干的家伙。他喝着,笑着,似乎毫不介意我的冒失。起初,他也参与了交谈。但随着妮可和我渐渐找到共同语言,他就仿佛消失了一般。那是一场欢闹的、舒适的、醉人的对话,伴随着轻轻的触碰、充满活力的大笑,以及意味深长的言辞。我像一个青春期的少年那样,下定了决心,她要成为我的。

　　那个礼拜,我动身去了直布罗陀,然后用了七个月的时间跑步。我从直布罗陀出发,向北穿越欧洲,一路跑到了位于北冰洋沿岸的挪威北角①,全程达七千零一十五公里(四千三百五十九英里)。回到西恩,重新开始登山向导工作之后的一天,我在路过莫卡姆堡时停下来想喝杯咖啡。那个有着一双闪亮的绿眼睛的女服务生还在那里,这让空气中布满了某种电流。莫卡姆堡的老板玛德琳和我是老朋友了。那天她们不是很忙,所以,她和我聊起了我的艰苦跋涉。当我讲起这次艰巨的长跑时,那个女服务生加入了我们。玛德琳问起妮可·苏斯,我两个孩子的母亲,我不得不承认我们已经决定分手。在欧洲跑的过程中,她和孩子们一直开着一辆

①North Cape,挪威北方的马格尔岛上的一个海岬,其三百零七米高的陡峭悬崖常常被称为"欧洲的最北端"。

露营车陪我。而现在我们已经达成共识,我们的关系该结束了。

十二月份到了,带着假期来临的欢乐。圣诞节之前不久,我和丹尼尔一起回到了莫卡姆堡。丹尼尔是一座山地小屋的看守员,至今在带客户爬阿尔卑斯山时,我仍经常使用那座小屋。咖啡很棒,但真正的款待是注视那位女服务生。那些偷偷摸摸的眼神带着莫名的紧张。丹尼尔也注意到了,不是很高兴。最后,我高声说道:"我会为了那个女服务生的眼睛而再来的。"

可是,对于再次前来,我有些害羞。毕竟,我怎么知道她的心是否已被人占据,或者是否会被我占据。因此,我买了一大束鲜花,大得都挡住了我的脸。也许她会被这些花所取悦,我推测她并不会在乎是谁送的。于是,一九九一年一月二日晚上九点整,我走进了繁忙的莫卡姆堡,将鲜花放在了妮可面前的吧台上,只说了一句"这是送你的",然后便在一张桌子前坐下了。

忽然之间,我去莫卡姆堡

去得更勤了。每天我都想喝咖啡。我只是喜欢看着她,说你好,像做游戏一样想让她笑。但是,在我坚持每天都去的同时,我注意到还有另外一个家伙在那里。那是一个英俊的男人,比我年轻,有一头浓密的黑发。他也会对妮可微笑,但是他的凝视更加羞怯。

这让我忧虑。也许她会更喜欢他一些?也许她会认为他更有吸引力或者更善良?于是,我做了任何正常男人都会做的事。我除掉了竞争者。

"对不起,先生,"我说,"我情不自禁地注意到,您最近经常过来。"

他羞怯地笑了,点了点头。

"呃,我只是希望我们在这儿相处得好一些。看见那边的那个女人了吗?"我朝妮可示意。妮可正站在吧台前为几个年轻姑娘准备酒。

他点点头。一想到她,他的笑意变得更浓了。

"好吧,"我说,"我不想遇到任何问题,所以你最好知道,她是我的女人,我不想让其他任何人看她。我为你付今天的咖啡钱,你永远都不要再来,怎么样?"

那个可怜的男孩吓坏了,而且极其尴尬。他飞快地收拾好他的东西,一直都在道歉。我把他的咖啡钱放在桌上,一边窃笑一边坐下,等着我未来的妻子来说你好。

第六章

告诉自己："永远"

> 两种个性的相遇有如两种化学物质的混合，一旦发生反应，便都会有所变化。
>
> ——荣格[①]

我的人生是一个爱情故事，并且在很多方面都堪称完美。只不过，我爱的并非你所以为的那个人；我爱她，也并非出于你所以为的那个原因。

结婚的时候，你告诉自己："永远。"因为你愿意如此相信。也因为在那个时刻，永远似乎是可能的。当然，你有些天真。就算到了四十岁或五十岁，你仍然天真，因为，天啊，那是爱情。爱情会让所有人都没那么理智。你为眼前那个女人的美貌而

[①] C.J.Jung（1875—1961），瑞士心理学家和精神分析医师，分析心理学的创立者。

意乱情迷。她的曲线、她的光彩、她的亲吻，简直就像电影里的玛丽莲·梦露。在那一刻，你没有考虑人生中所有那些艰难而真实的部分。你没有考虑什么会破坏这种完美。谁又能因此而责备你呢？谁又能剥夺你这种出自本能的完美感情呢？你就是陷进了爱里。

你可能无法意识到坠入爱河是件多么平常的事情；也无法意识到不再相爱又是多么平常的事情。

我一直说，我毕生的真爱是大自然，而女人是其中最美的一部分。我父母的婚姻维持了一辈子，直到我父亲去世，他们都没有违背誓言。那是一种平淡而持久的爱。有时没那么美丽，也没那么热烈，但却此情不渝。

然而对我而言，拥有的却是完全相反的运气。我的爱总是热情似火，却从来都不长久。当我知道我们的爱情已时日无多，便无法再坚持下去。最终，我想我只是对爱情有些太过紧张。可是，这无法阻止我继续尝试。

我的第一个爱人是妮可·苏斯。我们做了十五年的伴侣。相遇的时候，我们都很年轻，当时我还在打拳击。一天晚上，我因自己的进展而沮丧，感觉相当失意，于是开始在街上闲逛。时间已经很晚，大概在午夜十一点左右，我碰到了两个女孩。她们都有着一张友善而热情的脸，不过我觉得其中一

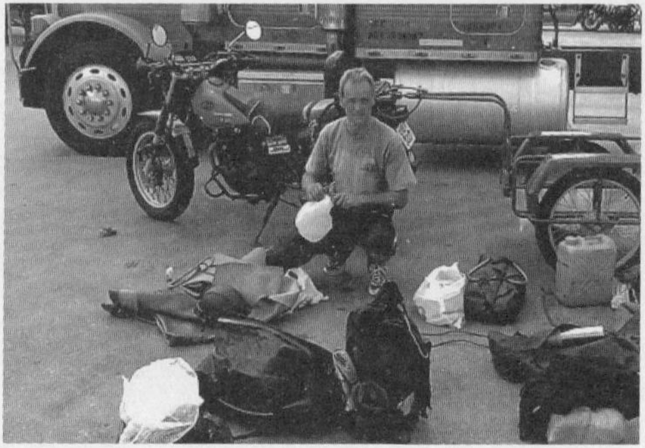

个格外漂亮。我们开始闲聊。那个晚上的一大段时间，我们就那样心无邪念地在街上走来走去。最后，不可避免地，深深吸引我的那个女孩得走了，这让我做出了第二次选择。她是个小东西，或许不如另外那个女孩美。但是我们去了她家，吃冰淇淋，聊天，一直聊到第二天太阳升起。她是这么安静，这么一个善良的、温柔的灵魂。她双腿搭在一起，朝我微笑着，那副模样带给我一种永难忘怀的平静。她的温柔正是我当时所需要的。

我们在一起度过了很多快乐的日子，也度过了很多平常的日子。没有大的争执，也没有大的爆发。可这正是问题所在。压根儿没有任何大事发生。那是一片永恒的宁静海洋，懒散地将浪花拍上海岸。我有我的梦想，她也觉得不错，可她自己却没有任何真正的梦想。就算只是日复一日地望着窗外，她也会彻头彻尾地心满意足。

最终，我俩都知道我们的兼容性已经到期了。我的心里有一团火，迫不及待，而她有的，是一根毛衣针。我们决定最好彼此分开，于是结束了我们的伴侣生涯。幸运的是，我们有两个孩子，并且清楚地知道该如何继续前行。现在我偶尔会打电话给她问问近况，她的声音那么安静，那么羞怯，我猜那些年我给她的压力太大了。

我在莫卡姆堡咖啡酒吧遇到了妮可·盖拉德。我知道，这有些混乱。你会觉得我至少应该找个名字不一样的女人，好让你读起来容易一点。可是，没办法，又是妮可。但这个妮可完全不同。为了气她，我总是叫她妮可二号。她恨这个称呼，一听到就会皱起脸开始奚落。她的个性生机勃勃。做事时，她会全情投入。她可以吵闹、无礼、喜怒无常，但同样也能慷慨大方，柔情万种。她的热情可以伤害你，也能治愈你。

我迅速、热烈并无法自拔地爱上了她。没过一周，我们就开始商量该怎样彻底改变我们的人生。你知道把两个像焰火一般的人放在一个房间里会怎么样吗？他们点燃彼此，绽放，绽放，绽放。激情的时刻一个接着一个，仿佛一场漫长的马拉松。我告诉自己，我可以和这个女人一起变老。我可以和这个女人一起迷失在这个世界。

我以前没有过这样的念头吗？

第七章

冒险开始

挫折并非最大的失败。真正的失败是从未尝试。

——乔治·爱德华·伍德贝利[1]

说妮可没有改变我的人生,而我也没有改变她的,这是不公平的。在我们相遇之后,发生了一个重大变化,如果你愿意,可以说这是一个一百八十度的变化。就我而言,我一直在驱策自己,考验自己的边界。可是妮可和我打算一起征服的,则规模极其宏大,以致不得不改变我的整个世界。

在本书的第二部分,我将和你分享我在世界各地跑步时发生的一些故事。从一九九五年一月开始,妮可和我开始了

[1] George Edward Woodberry(1855—1930),美国诗人、文学评论家。

跑步的十年。在这十年的历程当中，我们完成了美洲挑战赛，从阿根廷最南端的火地岛跑到了阿拉斯加州的费尔班克斯（历时三年，全程近一万五千英里）；我们还完成了环球之旅，这一次，我在五年零三个月里跑了两万五千四百二十二英里，比绕地球一圈还要长。

我不可能与你分享我的整个旅程，不可能带你去走我走过的每一步。这些旅途掠影可以让你大致了解那种魔力，了解生活在这世界的街道与公路上，拿它的居民当邻居与家人，拿人行道和路边空地当营房，究竟是什么样的感觉。

不过，至少对我来说，这些故事写的并不仅仅是文化与风景——尽管那些极其重要！它们写的是个性与成就，是生存的意志，是对冒险，对自然，以及对孩子们的爱，当然，也是对骑着摩托车陪在我身边的妮可的爱。

真相是，你一直在准备着成为你将成为的那个人。你的经验不断增加，为你提供个性、勇气和耐力，好让你去做那些不可思议之事。从出生在医院人行道上的那一秒钟起，我便一直在为启程上路并以路为家的那一刻做着准备。我将自己装备完毕，好去除掉这世界上所有的不可能。

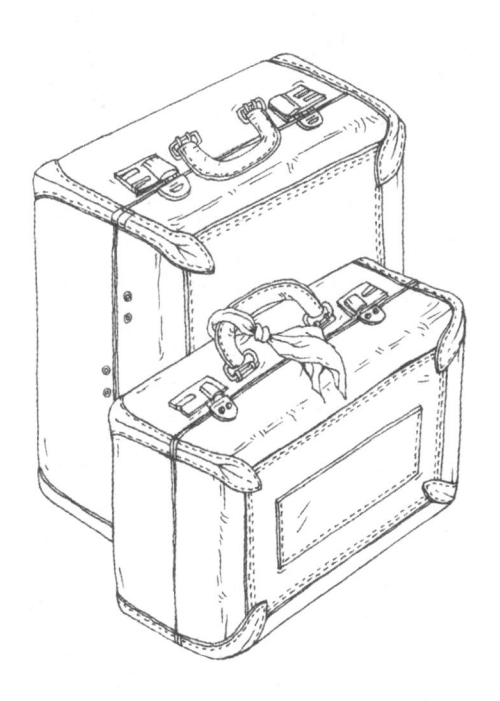

路

第二部

第八章

魔法路线

> 在路上,我身后空无一物,一切都走在我前头。
>
> ——杰克·凯鲁亚克[1]

一切都是从一个简单的问题开始的:为什么不呢?

对它的回答引出了我从未期望过的上千件事情——在异国土地上的八年人生,真真切切地跑完了整个世界,每隔一天跑一场马拉松。仿佛话音刚落,我就已经掠过了白色的棉沙和黑色的沥青。我和中东地区的妇女一起共享圣餐。她们从头到脚都罩着长袍。在瑞士驻非洲大使馆,我亲眼目睹了草坪上发生的一场战争,枪炮声响彻我的窗外。在印度,我

---

[1] Jack Kerouac(1922—1969),美国作家,"垮掉的一代"代表人物,主要作品有《在路上》《达摩流浪者》《荒凉天使》《孤独旅者》等。

和另外二十个人合住一间屋子，人摞着人，就像一堆卡片。在阿塔卡马沙漠①，我和一个从没见过雨的男人交换了彼此的故事。

而这些事情，这些片段，只不过是刚刚开始。我将自己带进了一个什么样的世界？

旅行的方式有很多种，但在大多数情况下，总有一种方式最为容易，同样也有一种方式最为真实。当你身处每个大洲真正的中心，当你不再只是入住途经的每一座五星级酒店——不在正午搭乘空调旅游车去"看风景"——你才开始意识到这个世界实际上是多么五彩纷呈。有多少不同的语言、不同的风俗穿越地球混杂在了一起。你注意到不同的特性，比如在某个国家，注视对方眼睛代表尊重，而在另一个国家，这代表的则是粗鲁。如果你真的能深入其中，你会意识到你的规则是多么无关紧要，而去看见并理解他人生活的方式则那么重要。理解并不只是善意，而是存活的一种方式。在路上，任何事——我说的是任何事——都有可能发生。

我这一生都是个冒险家。而我知道并非人人如此。那些有点疯狂并坚定不移的人，才会选择这种生活方式。人们认为冒险家都很轻狂，总是从一个地方跳到另一个地方，就好像他们无法脚踏实地。然而，选择那种流动性，选择那种动

---

① Atacama Desert，位于智利北部，是世界最干燥的地区之一。

荡不安的人生，本身就是一种坚定。

妮可和我启程上路之后，碰到过上千位旅行者，其中大多数都是紧紧捆着背包的单身男子。偶尔会有由几个朋友组成的小队伍，沿着乡村小路流浪。极少数时候，也会遇到背着帆布背包的单身女子，风霜满面，却心满意足。然而，尽管过去了这么多年，走过了这么多路，我们却只遇到过一次另外一对正在共同探索世界的夫妻。那是两个巴黎人，与我们在南非相遇的时候，他们正准备步行去耶路撒冷。起初我觉得很少见到情侣这事很有意思。有什么事情能比与你的爱人分享更好呢？但是随着时间流逝，你了解了道路会如何将你磨砺。它无情地让你看到世界的真相，就算你穿着所有的衣服，却仍像赤身裸体地站在那里。这么说也许不够确切：在路上，是一种丰富的生活方式，然而却遍布艰险。前进途中，你得放弃很多。

这里讲述的是美洲挑战赛和环球之旅中的一些故事。我这一生都在做让别人挑起眉毛的事。尽管我身材瘦小，一头金发，但冒险已扎根在我的躯体里。

一九八六年，我穿越了死谷和科罗拉多大峡谷，在一天之内从五千二百五十英尺高的科罗拉多大峡谷边缘步履艰难地跑到谷底的科罗拉多河，然后又径直跑了回来。一九八九年，我用了二百一十九天从直布罗陀跑到了北角——挪威的最北端——全程六千五百英里，平均每天二十九点七英里。这些年里，我陆续登上了四大洲的最高峰：北美洲的麦金利峰，南美洲的阿空加瓜山，非洲的乞力马扎罗山，以及欧洲的勃朗峰。

在耐克长跑中，我在四十一天里从意大利的巴勒莫跑到了米兰。在尼泊尔，我在喜马拉雅山脉中跑了一百五十英里。跑安纳普尔纳大环线①，意味着要在七天里艰难地不停爬上又爬下，其中海拔最高点是一万七千五百八十九英尺处的陀龙垭口②。

我用了九个月的时间骑自行车跨越北美洲，从加拿大的蒙特利尔出发，在美国的佛罗里达结束，路线呈之字形，全长一万一千二百英里。我划着皮艇渡过了加拿大西北地区那条凶险的纳汉尼河，它有个非常贴切的绰号——"食人者"。

当然，我无法向你证明这些事情。我身边没有摄像机，也没有拿着创可贴跟佳得乐③的工作人员紧随其后。我踏上这些旅途，不是为了荣誉，不是为了上新闻，甚至也不是为了这些故事。我之所以远行，是因为悬在山边的我要比睡在自己床上感觉更自在。我真的相信，如果不去做人生中那些你所热爱的事情——无论是什么事情——你其实就没有人生可

①The Annapurna Circle，围绕尼泊尔的安纳普尔纳峰开发的世界经典徒步路线之一，通常需要十余天完成。
②The Thorong La Pass，号称世界最大垭口。
③Gatorade，一种运动饮料。

言。

很多人听到我做过的事情之后都会说："你疯了。你怎么会想干这个？"也有很多人静静地听着我讲，貌似诚恳地不停点头，可实际上，他们自始至终都觉得我是个夸夸其谈的骗子。不过这些人干扰不了我。你早就该料到他们会这样。这个世界从来不缺乏怀疑论者。而且，他们很容易被取代。因为还有那样一些人，在我讲述一条蛇如何咬破了我的眼睑，或是我在黎巴嫩的一座监狱里待了一天时，他们会瞪大眼睛，靠近我想听得更清楚一些。正是那些人，像我一样懂得道路的召唤。他们明白，你之所以会去冒险，是因为只有这样，你才能感觉到自己活着。

出于很多原因，美洲挑战赛让我获得了新生。其中之一，是它的规模非常宏大。用广义的术语来说，它的想法是跑完整条泛美高速公路（世界上最长的公路），从火地岛一直跑到阿拉斯加的费尔班克斯。妮可会骑车陪我，后面拉着一辆小拖车。这趟大约一万五千英里长的旅程会花去我们三年的时间。

很多人都觉得这个想法很可笑。我和咖啡店里正在啜饮浓咖啡的很多人都聊过。他们会礼貌地折起报纸，听我说话。我会在一张餐巾纸上画出我们的路线，解释泛美高速公路会怎样成为我们的家。在这条世上最伟大的公路上，我们会怎么吃饭，怎么睡觉，怎么喝水。而他们则异样地看着我，仿佛他们最好给我一件紧身衣。他们宁愿相信一个人能用绳子套住月亮，也不愿相信他会把三年的时间花在跑步上。事实上，当我联系一家制鞋公司，希望他们能赞助我的美洲挑战赛时，他们简单地回答说，他们不会赞助一个必死的任务，也就是我正准备开始的那个。

不过，美洲挑战赛值得注意的不只是它的长度。在这次旅行里，我不会孤单一人。我会和我的妻子妮可一起去。我的上一个人生伴侣是那么安静的一个灵魂。她温柔顺从，极为善良和好心肠。她任我去做我想做的事，而且自始至终都爱着我。当然，她还赐给了我两个宝贝孩子。可是，我们的关系太消极了。我不需要一个跟随者；我需要的是并肩作战。我需要她对人生有和我一样的渴望。而自打在咖啡馆里遇到妮可的那一刻起，我便知道她的身体里没有一根安静的骨头。她不会无所事事地坐在那儿竖起手指；她会成为一个真正的伴侣。

如今回想起来，不同寻常的只是，妮可是多么急于开始这场极端的冒险。她这辈子甚至都没露过营。她没有生过火，也没在睡袋里面睡过觉。她从没骑过摩托车。她只会说法语。

她的世界是那么局限而狭小。可是，她毫不犹豫地说了"好"。三年都在路上，每晚都只能露营，只有加了番茄酱的金枪鱼和意大利面可吃。当然！带我去吧！你认识的女人有几个会这么说？

挑战赛这个想法本身是以一种相当迂回的方式出现的。起初我们考虑的不是泛美高速公路。它是后来才想到的。妮可和我只是决定我们要一起做一件重要而勇敢的事情，一件能改变我们人生轨迹的事情。就在我们厘清思路的时候，我们突然想到，也许我们不仅可以改变我们的人生，还可以改变其他人的人生。比如，要是我们能在旅程中做些让人们关注贫困儿童的事情，并为他们募集一些资金，那会怎么样？毕竟，儿童代表着我们的未来，他们是最美丽的诗，值得我为他们而奔跑。那会让这次挑战赛成为一个真正的机会。

我们之前从未尝试过这样的事情，面前是白板一张。不过，我们知道几点。首先，无论我们的目的有多伟大，多纯洁，钱都是一个关键的组成部分。我们需要找到赞助商。而为了找到赞助商，我们就得做些不同寻常的大事，好引起人们的关注。

妮可和我掏出一张地图，在餐桌上铺开。我在墨西哥与阿拉斯加的费尔班克斯之间画了一条线，告诉她，这是我们的最佳选择。我跑步，她骑自行车在旁边陪我。妮可研究着地图，用手指沿着我们要走的路划过去。大概有一万公里，当然值得进行挑战。可她看看地图，又看看我，眼里流露出明显的失望。

"这条路不好。"她说。这个从来没有露过营的女人径直指向地图底部——火地岛。"要跑就跑完，否则不如不跑。"

在那一刻，可以很容易地记起我为什么会娶她。

在接下来的几个月里，我们争论着各种细节。我们认为这是一个重要决定，不能凭冲动匆忙行事。我们给自己三个月的时间，厘清所有细节，然后做出最终的决定。

我们试着设想每一个可能发生的场景，设想可能妨碍我们实现目标的每一件事情。人们认为所有的冒险家都是冲动的，缺乏谨慎与目的性。但事实上，过着这种冒险生活的人通常都是最细心的。他们的生命取决于此。我们知道，每一个细节都得斟酌周全。我们得考虑健康风险、食物，以及人身安全。有大量后勤问题。整件事情似乎毫无意义，压力重重。可是……它是可能的。

考虑阶段过去后，妮可和我回到了餐桌前。我们又把地图铺在了桌子上。在过去的几个月里，我们不断地把它打开合上，寻找我们可能的未来，这让它看上去有些磨损了。这

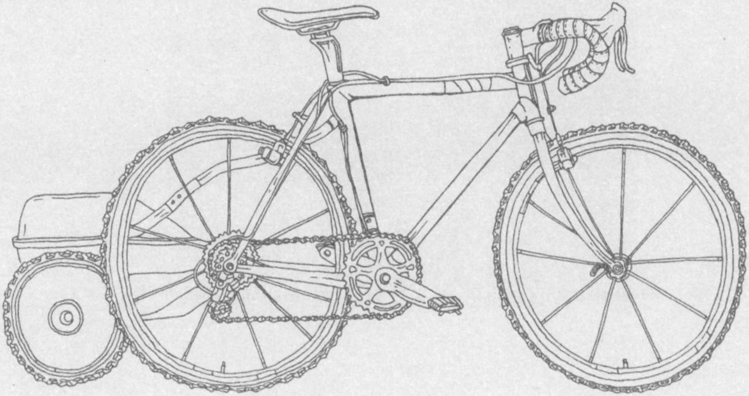

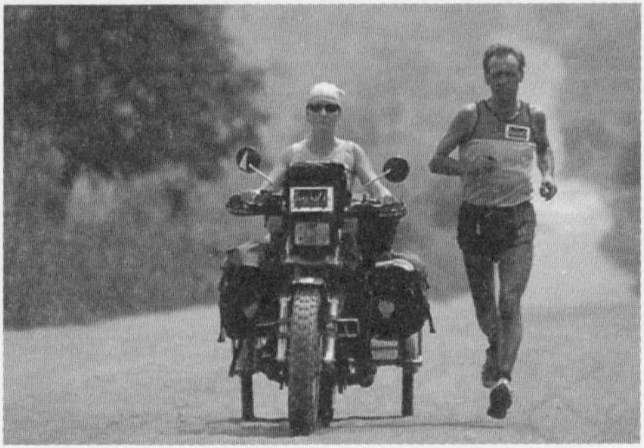

一次，我们小心翼翼地凝视着它，就像一位母亲第一次看到孩子的心跳。本来只是一个想法——一个希望——却真的有可能成为现实，这种感觉令人震惊。

做出决定很容易。我们俩都没有犹豫。对，我们要进行美洲挑战赛。我们要从阿根廷的乌斯怀亚开始，火地岛最南端的海岸，然后沿着我们的魔法路线一路跑到阿拉斯加的费尔班克斯。我们要跑过一万四千九百八十四英里，无论遇到任何事情，我们都绝不会放弃。那天晚上，我们为 The Desafio Americano（美洲挑战赛）举杯庆祝，这是我们给这趟新旅程起的昵称。我们的目标是在几个月之内出发。

我记得那一刻灿烂而辉煌。决定本身令人感到释放，仿佛从肩上卸下了一副重担。我的整个人都被我们将去完成的那些事情所席卷了，我确信其他人也能感觉到这种富有感染力的情绪。

第二天，我就开始联系一些人道主义组织，请求得到他们的资助。我聊啊聊啊，向他们灌输我的兴奋。我承认我有些天真。我以为所有人都会叫嚷着要求加入其中。多么伟大的一个故事！多么伟大的一个任务！可是，在商业世界里，人们对数字的反应远远快于对心灵的反应。

我们给世界各地的企业发去宣传资料。资料里详细地介绍了我们的目的和我们将选择的路线。但我们得到的回复却毫无感情。风险太大了，他们说。把所有赌注都押在一个人身上？万一他失败了呢？而且，时间也太长了。真的，不可能进行支持。

我们出发的日期推迟了很多次，一个月，两个月，然后是一年。我不得不怀疑，在当今的社会里，是否有人有足够的勇气来参与这样一场冒险？

那段时间，我一个人离开了很多次。我来到山上或森林里，试图找到新的方式，让生命线继续运转。最终，妮可和我决定，我们不能指望那些财力雄厚的人。如果这件事能做下去，那依靠的也会是那些内心丰厚的人。我们不能只找一两个赞助商，而是要找几百个。我们联系了朋友们和一些小企业主。我们在报纸上做广告。我们谈论，我们请求，我们祈祷人们能够理解，梦想值得去实现，一点点的给予，就真的会大有帮助。

当你想做一件从未有人做过的事情时，人们会说那不可能。他们晃晃手指，摆出书上写过的一切借口。但是，只要你对自己企图完成的事情坚持得够久，信仰得够坚定，你就会活到有人说"好"的那一天。而这个字，将成为你有生以来听到过的最甜蜜的字眼。

资助到位了。这个问题解决之后，我们开始准备装备。除了基本的必需品之外，我们什么都不打算带。出发的时候，我们会带一辆自行车和一辆非常小的小拖车，用它来装我们所有的补给：帐篷、睡袋、水壶、咖啡壶、两个碗、一个硬壳本、一个急救包、修自行车的基本工具，以及标准的食物供给。我们会一直备着我的两双鞋和一套换洗衣服。每隔四到六周，我们会在一个新的城市停下，换一套新的行走装备。我们带的仅有的几件非必需品是我的烟斗、妮可的化妆包，以及一个小小的护身符。无论走到哪里，妮可和我都会带着这个护身符，而在地球的另一端，我们的孩子们，克莱拉和史蒂夫，则带着和它配套的另一个。

一九九五年一月二日，我们离开了瑞士。前往乌斯怀亚的航班飞了四十五个小时，中停、转机，最终还是安全地——虽然有点筋疲力尽——抵达了这个位于世界最南端的城市。我们给了自己几天时间休息，并最后添置了一些补给品。随后，在一月十日，我们的旅途真正开始了。它将花费我们三十五个月的努力，跑完两万四千一百一十五公里（一万四千九百八十四英里），相当于五百七十五个马拉松。但是我们会顺利抵达阿拉斯加。

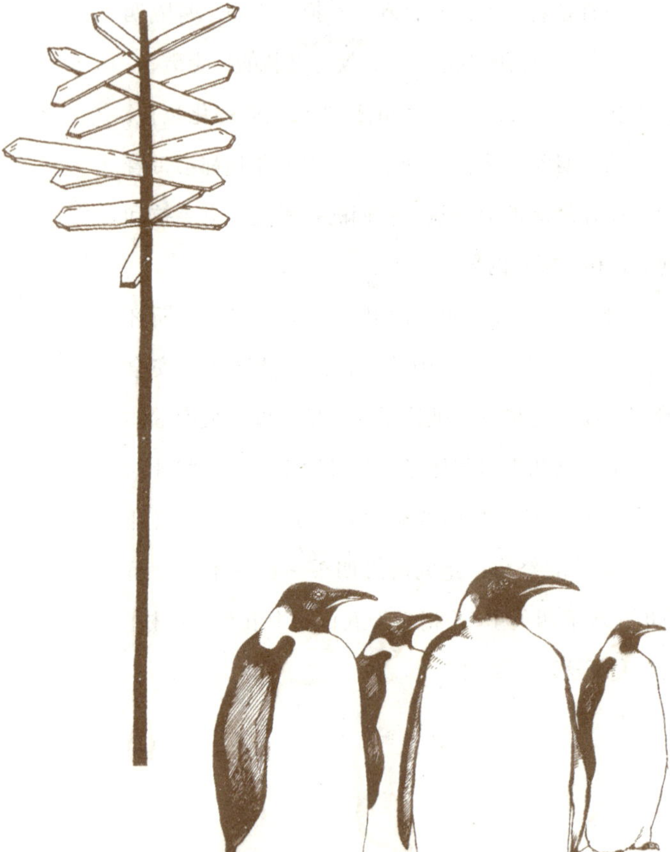

第九章

小小世界

> 我们都是异乡的异客,渴望家乡,却不知道家在何处,家又是什么。在梦里,或在某个街角,家偶尔会如惊鸿一瞥,于是霎时间,一种特别而又甜蜜的熟悉感涌上心头,但又转眼即逝。
>
> ——玛德琳·英格尔[①]

纠缠了几个月的财务及管理问题后,我们上路了。第一站是乌斯怀亚,阿根廷的最南端。但是,刚刚降落,第一个意外就发生了。我们的装备没有和我们一起抵达。它丢在了伦敦、布宜诺斯艾利斯和里奥加耶戈斯[②]之间的什么地方。他们对我们保证,无需惊慌,两天之后它就会到。这为接下来的行程确立了一个准则——尤其是在美洲挑战赛和环球之旅的过程中。在路上,永远不要"赶快"。你不能依赖于效率。

[①] Madeleine L'Engle(1918—2007),美国著名青少年文学作家,曾获得诸多奖项,如安徒生文学奖、美国国家图书奖等。

[②] Rio Gallego,阿根廷城市。

最好学会耐心。

我们利用多出来的那两天躲在酒店房间里,写信给我们所爱的人——我们的孩子和朋友。我们还在拉帕塔亚公园进行了一些训练。公园位于乌斯怀亚以南二十二公里处(十四英里),在那里你能看到一块牌子,上面写着 fin del mundo(世界尽头)。多么真实!企鹅让我们想起南极洲。我们离地球的顶点这么近!

傍晚,我们会在城中散步。有一天,正当我们走在一条积满尘土的人行道上时,路边一家店铺的工人跑了出来。"谁是瑟奇·洛特里?"他喊道,"有个电话找他。"

真是太神奇了。家里的某个人想联系我们,竟然在马路上找到了,你能想象得到吗?离开这里之前,我们意识到我们永远都不会再离家这么远,真是松了口气。

三天之后,我们终于开始了跑步。第一天,我们要跑五十七公里(三十七英里)才能到达我们的第一个停止点。动身之前,我捡起一个贝壳,看向妮可。"有一天我要把它放在阿拉斯加。"我对她眨眨眼。

跑步的第一个阶段主要用在了解我们的节奏上,我们该怎么合作来找到双脚和自行车之间的最佳平衡点。我们跑进一片森林,又爬上一座山——帕索·加里波第[①]。这座山海拔

[①] The Paso Garibaldi,位于乌斯怀亚。

有三千米（九千八百四十三英尺），全部都是山路。它象征着我们前方的路：上升，艰险，但遍布奖赏与美丽。当晚到达营地的时候，我们筋疲力尽，满身是汗，但却心满意足。在那第一天里，我们事实上经历了全部四个季节：离开乌斯怀亚时那南半球的夏日，攀登帕索·加里波第时那凉爽的阵雨和生机勃勃的春花，抵达山顶后那冬日一般的寒冷，还有下山后迎面吹来的巴塔哥尼亚①的秋风。

妮可让人非常惊讶。这个在葡萄园里长大的女孩并不是一个擅长户外运动的女人。她以前都没露过营。她不知道该怎么睡觉，怎么洗澡，怎么在户外解决她的问题。但是我的女孩，她学得很快。

第一个早上醒来时，她看到了一幕壮观的景象。对她来说，那就是伊甸园。一切都那么安宁；一群群动物和她一起醒来；世界正睁开双眼，展示只有早起者才能知晓的美丽。在我烧水煮咖啡的时候，她找了个开阔的地方洗了第一个澡，就那么赤裸着站在田野中央。

妮可蹬着自行车拉着那辆小拖车走了两千五百英里。我们亲热地把小拖车叫作"家，甜蜜的家"。之后，自行车被一辆轿车撞上，毁掉了。幸运的是她没有受伤。于是，我给她买了一辆摩托车。但是巴塔哥尼亚的逆风太猛了，我们甚至

---

①Patagonia，阿根廷南部地区。

想过飞到阿拉斯加去,然后从那里往南跑。

坚持得到了回报,我们终于熬过了逆风。那个时候,我们已经马上就要跑到阿塔卡马沙漠了。这是南极洲以外的地球上最为干燥的地方。在这座一千五百英里宽的沙漠里,我们曾用了三天的时间穿越一片盐碱地,一路上除了彼此,没有见到任何其他生物。

我喜欢在这样的环境里看着妮可,研究她周围那个她从未经历过的世界。当她得知大自然热爱者们早已熟稔于胸的那些东西时,她的眼睛会像孩子一样睁得大大的。这些简单的事情,这些微小但却精致的快乐,才是存在的真正价值。

第十章

最后一次伟大的冒险

对改变的需求开辟了一条通往我内心的路。

——玛雅·安杰洛[1]

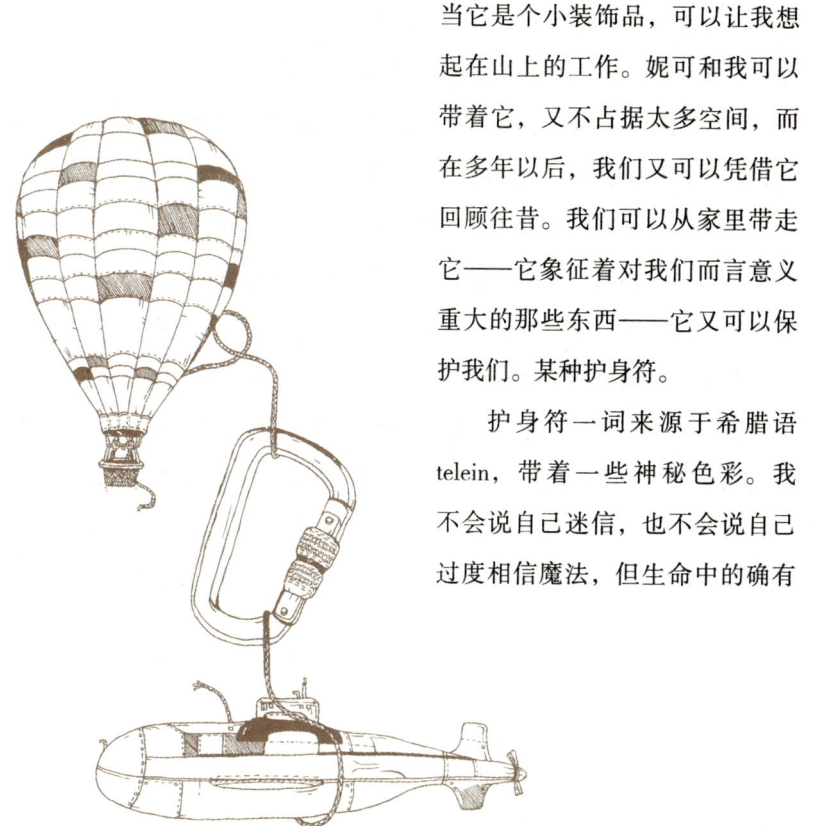

从店里把它买回来时，我只当它是个小装饰品，可以让我想起在山上的工作。妮可和我可以带着它，又不占据太多空间，而在多年以后，我们又可以凭借它回顾往昔。我们可以从家里带走它——它象征着对我们而言意义重大的那些东西——它又可以保护我们。某种护身符。

护身符一词来源于希腊语telein，带着一些神秘色彩。我不会说自己迷信，也不会说自己过度相信魔法，但生命中的确有

[1] Maya Angelou，出生于一九二八年，美国著名黑人女作家，诗人。

些切实存在的东西会扰乱你的情绪；它们带你回到某时某地，你当时所拥有的感觉重新变得特别真实。

那是一个登山扣。只是一个廉价的长方形小圈，连在岩钉眼上，用来扣住绳子。一个崭新的登山扣，从来没有使用过。我们把它扔在拖车里，和我们一起上路。它让我们想起我们在阿尔卑斯山里的家。在泛美高速公路上旅行过之后，那个小登山扣找到了它的新主人：我的朋友贝特朗·皮卡尔。如果我能早点知道这趟旅程会带走什么，以及它将最终意味着什么，也许在选择这个东西时我会更加慎重。不过，这只是生活开的一个小玩笑：你并不总是知道什么对你而言会是重要的。

贝特朗和我从未一起分享过许多具体的东西或时刻，但我们的确非常尊重彼此，这往往比时间要宝贵得多。

贝特朗出生在一个人才辈出的家庭。皮卡尔家族的成员全部都是某些伟大设想的征服者。很像一个王室家族，会代代相传某些东西。只不过他们继承的不是王冠，而是理想主义。皮卡尔家族血液中的某些东西鼓动着，令他们全都急着走出去，做一些前无古人的事情。奥古斯特、雅克，还有贝特朗，他们都是这样的男人。他们把稀奇古怪的东西变得美味可口。

祖父奥古斯特·皮卡尔于一八八四年出生在瑞士的巴塞尔。他对物理学颇有研究，曾与著名的阿尔伯特·爱因斯坦以及居里夫人打过交道。凭借这样的良师益友,让他最终发明了密封舱和平流层气球[1],从而青史留名。一九三二年,他成为第一个进入平流层的人类,在那里用自己的双眼观察到了地球的弧形。

二十年后,他轻松地把自己的理论弃置一旁。他不再研究天有多高,而是转而研究海有多深。秉承着让气球完整无缺的原则,他建造了一艘具有开创性的潜艇,并将其命名为"深海潜艇"(the Bathyscaphe)。一九五三年,他和儿子雅克一起搭乘深海潜艇到达了三千一百五十米的海底深处。这样,他便成了曾抵达两个极端的人。他曾飞到最高,也曾潜到最深。

不过,奥古斯特·皮卡尔并非一个单纯的冒险家。他同样注重细节和才智。他曾获颁法国荣誉军团勋章和比利时雷欧骑士勋章[2]。在内心深处,他始终是个科学家。他收集了当时最为精确的天平,并对精密度非常狂热,因此,他的同侪们授给他这样的绰号:"额外的小数位"。事实上,奥古斯特的发现非常重要,他在气球里进行的一个实验辅助证明了爱因斯坦的相对论。

接力棒从奥古斯特手里传给了雅克,他继续着这条潜水之路。至今他仍保持着最深的潜水世界纪录——他钻到了深达七英里的马里亚纳海沟底部。

然后,接力棒传给了他的儿子,也就是我的朋友贝特朗。

---

[1] The pressurized cabin and the stratospheric balloon,均为航天术语。平流层旧称同温层。

[2] The Legion of Honor and the Order of Leopold,原文称奥古斯特曾任二者指挥官,应为作者误解。

贝特朗于一九五八年出生在瑞士的洛桑，是个多才多艺的家伙。他是一名执业精神科医师，一名热气球驾驶员，还是一名公众演说家。

由于成长在这样一个家庭里，并且对精神病学有所研究，贝特朗一直对人类在极端条件下的表现很感兴趣。像他的父亲和祖父一样，他也受到了考验自身极限的召唤。二十几岁的时候，他还是一个高大健壮的成熟男孩，就已经成了悬挂式滑翔运动的先驱者之一。一九八五年，他成为悬挂滑翔机特技飞行的欧洲冠军。

一九九二年，他与维姆·费尔斯特莱腾（Wim Verstraeten）一起赢得了首届横跨大西洋热气球比赛。不久，他启动了百年灵轨道飞行器项目（the Breitling Orbiter project），目标是环球飞行。很多人都曾尝试过这项壮举，但很多人都失败了，其中包括亿万富翁理查德·布兰森（Richard Branson）。在他最近的一次尝试中，气球在圣诞节那天掉进了夏威夷附近的大海里。但是贝特朗将会取得成功。他和英国热气球驾驶员布莱恩·琼斯一起完成了首次无停留环球热气球飞行。这一成果令他们自己都颇为震惊。气球经过波多黎各时，计算显示他们的缓慢速度将会导致燃料短缺；他们将无法抵达目的地。但是不知什么原因，速度突然快了起来，达到每小时一百五十多英里。

"那么,"贝特朗说,"我要把所有的计算都扔到一边。"他说,有一只看不见的神秘之手在保佑他们。

贝特朗和布莱恩的轨迹成了航空史上最长的一段航程——在距离上和时间上均是如此。人们称之为二十世纪最后一次伟大的冒险。

当贝特朗和布莱恩走出将他们从开罗带回日内瓦的飞机时,号手吹响了《阿伊达》①中的《凯旋进行曲》。这是迎接公爵的曲目。官员、粉丝和媒体都涌上前来,鼓掌欢呼。就连上学的小孩子们都放了假,这样他们就能站在细雨中的柏油停机坪上,看他们的英雄走下飞机。贝特朗和布莱恩穿着他们深蓝色的飞行服,光彩照人。他们致以胜利的敬礼,并聆听了瑞士副总统阿道夫·奥奇(Adolphe Ogi)发表的一番简短欢迎辞。在欢迎辞里,奥奇引用了安东尼·德·圣埃克苏佩里②的童书上的一句话:"我们的小王子从天上下来,降落在沙漠里的我们中间。"

跟他们一起降落在沙漠里的,还有那个登山扣。就是那个藏在我们的行李中,和我们一起沿着美洲挑战赛的道路跑了三年的登山扣。一九九九年,回到瑞士之后,我去给正准备开始环球飞行的贝特朗送行。他是在气球起飞之前三天给

---

① *Aida*,意大利歌剧家威尔第的第一部歌剧。

② Antoine de Saint-Exupery,法国作家,代表作为《小王子》,后文即引自其中。

我打的电话。当时我正在穿越意大利，于是又回头去瑞士送他。他浑身发抖。"这种生活太疯狂了。"他说，"我感觉不太好。我很紧张。天气预报有点糟糕。我担心风。说真的，我不知道自己是否有勇气干这个。有两个竞争对手都尝试过而且都失败了，可是至少他们有勇气坚持到底。"

和所有那些有过伟大梦想的人一样，贝特朗担心别人认为他要做的事情是愚蠢的，他不想失败。但是，我了解我的朋友，也了解他的勇气。怀疑将会消逝，勇气将会停留。在起始线前，我把陪着我跑过美洲挑战赛的那个登山扣递给他。"祝你好运。"我说。

他起飞了。十九天后，小王子从天上下来，降落在我们中间。他的勇气赢了。

一年之后的二〇〇〇年，贝特朗来为即将开始环球之旅的我送行。他将那个如此可靠的登山扣又给了我。它再一次给我带来了幸运。小小的登山扣已经走过了世界上最长的路，从南美洲到阿拉斯加，已经搭乘无停留气球环游了地球，后来，它又用另外五年时间跨越了六个大洲。现在，登山扣正在我家里休息，我猜，它在等待着下一次大冒险。

第十一章

达连缺口①

> 中国人用"危机"两个字来表达"crisis"这个词。第一个字代表"危险",第二个字代表"机会"。在危机之中,既要意识到危险,也要分辨出机会。
>
> ——约翰·F.肯尼迪

上路十四个月之后,我们跑完了南美洲。可是你知道吗?在南美洲与中美洲之间是没有公路的。茂盛无比的达连丛林让机动车公路的修建与养护变得困难重重。而我不可能选择搭乘船只或飞机之类的轻松方式来完成魔法路线上的这一段旅程。我用了几个月的时间寻找进入丛林的方式。而进入其实只是战役的开始。最困难的部分是如何穿越。但是,无论何时何地,当我问人该怎样穿越丛林时,所有人的脸上都是

① The Darien Gap,泛美高速公路上的一个缺口,位于中美洲巴拿马的达连省和南美洲哥伦比亚的北部。该地区长一百六十公里,宽五十公里,主要由沼泽与森林组成,因代价高昂而未能在两国间达成修建公路的一致意见,从而导致这一缺口的形成。

同样的表情。呆滞的眼睛向上一翻。"你不可能是认真的。"他们的眼神这样告诉我,"那是一个危机四伏的地方。只有不正常的人才会去那儿。你要是去了,说明你肯定是个亡命之徒。"

可是我非常认真。要是我还想完成这次旅程,我就必须穿越达连缺口。

达连缺口的面积相当小,只有九十九英里长,三十一英里宽。对于世界的鞋履而言,它只是上面的些微灰尘。这种地方要么被人遗忘,要么唾手可得,可以忽略不计。

但是在路上,你会学到在其他地方学不到的东西,那便是外表常常令人产生错觉。很多时候,它并非最大且最可怕的对手,不会让你像孩子那样吓得发抖。它只是个令人毫不生疑的小东西。比如金镖蛙。这种荧光黄的小家伙产自哥伦比亚的雨林,体重只有一盎司,伸展四肢后,身高可达威风凛凛的一英寸。不幸的是,如果你想把它带回家,并把这个可爱的小东西放进兜里,你可就彻底上当了。它体内有大量毒液,眨眼之间便可以毒死你的整个大家庭。多年来,哥伦比亚的部落成员一直将这种蛙的毒液当做一种武器。他们在这种黄色小生灵的身上擦拭自己的镖头,然后将浸了毒液的飞镖投向敌人的营房。因此,这种蛙得名为金镖蛙。

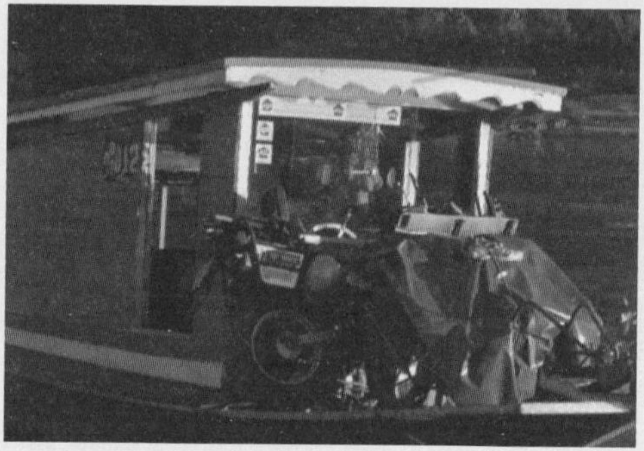

正如我所说的，外表常常令人产生错觉。

达连缺口也是这样。传说中，它是世上仅存的几个真正完全未被开发的地方之一。就连那些大胆和逞能的大冒险家们面对这九十九英里也都裹足不前。它以它自己的方式获得了珠穆朗玛峰曾经在登山界拥有的地位——所有人都知道，对于这个地方，只要还能分得清好歹，就该敬而远之。

如果拿出张地图，找到这个缺口，你会看到，它只是窄窄的一条土地，两侧分别是哥伦比亚和巴拿马。哥伦比亚一侧的缺口被阿特拉托河①三角洲覆盖，由沼泽和湿地混杂而成。而在巴拿马的一侧，亦即硬币的另一面，地形则很多变——高达六千零五十三英尺，低至二百英尺的起伏山峦上，长着茂盛的山地雨林。

这复杂的条形地带充当了南美洲的艰苦与北美洲的富庶之间的某种过滤器。它是泛美高速公路——这张跨越整个北美洲、中美洲，以及南美洲的公路网——中断的关键地点。这个缺口里尽是无边蔓延的丛林，狡猾、危险，而又掩人耳目，除此之外，还混杂了诱惑与险峻。它的某些部分是原始的——壮丽得令人难以置信——但所有的美都伴随着无数丑陋。毋庸置疑，生活中所有的邪恶之物都在达连缺口插了一脚。

住在它附近的人都知道，它与死亡是密友。很少有人步

---

① Atrato River，哥伦比亚西北部河流。

入其中，而活着出来的则更为稀有。伤亡在那里是有传染性的，原因并非只是天灾，虽然死于大自然之手的人数已颇为众多，但更有数目不相上下的人死于人祸。这种人为的瘟疫已经纠缠了雨林很多年——那便是成群的叛军和分支武装队伍。比如哥伦比亚革命武装军（FARC）、民族解放军以及哥伦比亚联合自卫军[①]。

这些队伍因其与众不同的消遣方式而臭名昭著，其中包括毒品交易、绑架勒索和杀人越货。而达连缺口愈加助长了他们的气焰，因为丛林里没有看门狗。当你在夜里呼喊救命，没有人会敲响警钟。当他们犯下罪行，没人会扭住手腕将他们带走。那里唯一的律法，是胜者为王。

二〇〇三年，著名冒险家罗伯特·扬·佩顿[②]在试图穿越达连缺口时被哥伦比亚联合自卫军绑架并挟持了十天。"事情发生之前，我们大概已经旅行了一个星期。"他说，"我们和三个库纳族[③]印第安向导一起开始了这条线路。那天上午十一点四十四分左右，三个向导在山路上超过了我们。然后突然之间，我们听到了持续三分钟之久的自动步枪声，距离我们大约有半英里（零点八公里）远。我们的向导跑掉了——扔下我们的东西，就那么离开了。我们的团队立刻展开了讨论。我建议大家朝伏兵走过去，不要试图躲藏或逃跑。丛林非常

[①] The Revolutionary Armed Forces of Colombia (FARC), The National Liberation Army, and The United Self-Defense Forces of Colombia。
[②] Robert Young Pelton，出生于一九五五年，加拿大作家、记者、电影制作人、冒险家。
[③] Kuna，生活在巴拿马的一支印第安人。

茂密，所以如果武装部队听到灌木丛中有人，第一个动作就会是开枪射击。于是，我们决定一边高声用英语讲话，一边聚在一起往前走，让他们知道我们来了。他们花了半个小时才冷静下来，因为他们的情绪实在过度亢奋。不知你是否知道枪战是什么样——反正他们全都躁动不安，大喊大叫。最终，他们杀了四个人。"

当被问及对于打算穿越达连的旅行者是否有什么建议时，佩顿说："达连缺口是个极其危险的地方——或许是西半球最为危险之处，当然，是指哥伦比亚境内的部分。它被用作了毒品的运输渠道。那里没有警察，没有军队，没有路标……除非你对哥伦比亚已有丰富的经验，否则我不会建议你去那里。那里的丛林已失去了原始和美丽——它将是你的葬身之地。"

多年来，世界各国都试图解决泛美高速公路上这缺失的一角。他们坚持，只要做一点修补的工作，在缺口里修建一条公路，便将会对许多事情有益——安全、发展。然而所有的努力都徒劳无功，缺口仍保持着它原本的模样——安全与危险之间的一道裂隙。当然，这就是为何我必须要去。

妮可和我知道，一旦我们开始美洲挑战赛，便迟早都要抵达这个缺口。她觉得我们应该略过它。考虑到我们这次旅程的艰巨，还是让它成为一个小小的止歇为好。然而，对我而言，走捷径是最为令人不快的方式。我这条魔法路线的目的地是阿拉斯加。我的计划是跑完这条全世界最长的公路，我不能让一小块土地这种事迫使自己违背诺言。

于是，我们制定了一个新计划。我会和妮可一起乘船去巴拿马，然后在那里把她放下。接着，我再飞回哥伦比亚，独自穿越缺口。尽管妮可并没像我那样对这个主意感到无比兴奋，却还是答应了。因为她明白，我要恪守对这次旅程的承诺。

正是在此时，命运之神悄然降临。前往巴拿马的途中，我站在甲板上，和另一位旅客攀谈起来。我总是这样做。只是随便聊聊。只是想看看这些人为何会身处此地。这个家伙外表粗野，体格魁伟，带着一辆令人印象相当深刻的摩托车。最终证明，他同样已经旅行了好一阵子。他已经骑着摩托车走过了六万英里，并且还渴望走得更远。

"你知道，"他说，"我真的很想穿越达连缺口，但是骑着摩托车没办法弄。那完全不可能。它太重了，那儿也没有车道。再加上那或许并不是只身前往的最佳路线。"

说着，他大笑起来，好像觉得这个想法简直是疯了，好像只有他一个人曾经考虑过穿越达连缺口。

于是，我也轻声笑了起来。真的，多难得的机会啊，两个男人在一艘船上相遇，竟然都天真地想去穿越毒品王国。当你有了某些疯狂的梦想，很少停下来去想还有多少人可能会有同样的梦想。或许，一旦你这样做了，便会发现你的梦想其实并非那么疯狂与遥不可及。

这个男人叫乌维·迪默，是一位德国冒险家。我对他讲述了我的魔法路线，以及妮可和我此前的行程。

"我不想破坏这条路线，"我说，"我不能破坏它。"

在他那两条浓重的粗眉下方，他的两只眼睛死死地盯着我。然后，他说出了我经常听到的一句话："你疯了吗？"

"你要和我一起吗？"我说，眼里闪烁微微的光彩。

他笑了。"当然。好。"

我们约好两天后在哥伦比亚一侧会面，然后一起穿越缺口。我会在地图上标出路线并准备好物资。会面后，我们还得找条船。我确信，独自一人我也能穿越缺口，但是诚实地说，此刻我如释重负。人多些，就会安全些，即便只是虚假的安全。

在两天的休整期里，我出门去找地图。我的目的地是位于巴拿马的一个偏僻的美军营地。那里被尘土和潮气所包围。我知道只有在那儿我才能找到一张不错的地形图。达连可不是那种轻易就能在社区便利店买到印刷版地图的地方。

可是在那里，我的运气却不太好。将军是一个虎背熊腰、身材挺拔的男人。他严厉地看着我。

"你知道自己要干什么吗？"他说，"那可不是什么好地方。我不推荐你去。"

我笑了。"很少会有人推荐。"

他挠着自己刚刚刮过的脸，期待我清醒过来。可我仍然坚持。

"无论你是否推荐，我都要去。而要是我能有张地图，就会让我们的成功机会大大增加。"

他并没被深深打动。

"你可以看看，"他说，"做一些笔记。但你不能把它带走。"

于是我便这么做了。

两天之后，带着那份蜘蛛爬似的方向指示图，我如约与那位朋友会了面，开始了一起穿越达连缺口的旅程。第一步是过河。阿特拉托河是条大河。水面宽广，没法游过去；你得租一条船。但是请向导这事儿本身就是个难题。我们问了至少十个人，却全都不感兴趣。他们微笑着摇头。他们知道，一旦他们把我们丢在达连缺口的入口，可能就再也不会见到我们了。关于达连，有很多不同寻常之事，而这便是其中之一。在一个如此冷酷无情、铁石心肠的地方，没人愿意为带我们走向死亡而负责。他们忍受不了这个念头。

不过，最终我们还是找到了一个不那么在意的家伙。

"你们为什么要去那儿？"他问。

我直视着他的脸，努力不笑出来。我已经厌倦了相同的解释和相同的拒绝。这一次，我要来点新鲜的。

"我对研究蝴蝶非常感兴趣。听说达连缺口里面有些引人入胜的品种，在其他地方都看不到。"

他斜了我一眼，露出了然的笑容。显然，他找到了一个志趣相投的人——一个同样没说真话的人。

"明早五点会面。我们立刻出发。"

动身的时候天还黑着。我们在一个小渔港钻进一艘金属制平底船，然后用了两三分钟的时间缓缓离开港口。但是，刚一触到开阔的水面，船便箭一般向前飞出。他发动两部引擎，船开始在浪头上跳跃，仿佛只不过是一块卵石掠过水面。我非常确信船要翻了，还没到达连缺口，我们就得去见上帝。

"慢一点！"我朝他喊，"我们不着急。十分钟到或是半小时到都没关系。"

可他只是回头看向我，露出了笑容，他脸上的什么地方藏着一种了然的神色。"本地警方的船只有一部引擎。我的船比他们快一倍。"

这时我才知道我们的"司机"是一个毒贩子。

我们最终活着过了河,然后开始了穿越缺口的十二天跋涉。这是一次艰苦的远足。每天至少徒步十三个小时,从早到晚浑身湿漉漉,只能用你的汗水给自己淋浴。夜里你在吊床上睡觉,到了第二天早上,几乎已经辨认不出前一天你用砍刀开出来的路。每天你都吃着同样的一份米饭和汤。遇到的蚊子、猴子和蛇简直数不胜数。你听到什么声音,身子不由一缩;你不确定那是某种动物的呼号还是树枝断裂,或是有人手持砍刀,正在等你迈出下一步。你无比真心地向上帝祈祷,希望不要碰上任何人。希望那些声音只是声音,而不是人。因为如果真的碰上什么人,你非常确信自己将无法活着走出这里。

这段跋涉对我而言很是艰难。但通过之前每天二十到三十英里的跑步,我已经为之做了一些准备。可是,对乌维来说,考验则更加艰巨。他之前一直是骑摩托车。他所培养起来的耐力完全不同。然而,他挖掘出了灵魂深处的某些东西,最终还是坚持了下来。

当我们终于走出了达连缺口时,乌维和我分了手。然后我前往巴拿马去找妮可。动身之前我对她说,我会离开十二天。一旦超过了这个期限,她就可以确定我已永远迷失。没错,要派出搜救队,但若是他们一无所获,那也不必吃惊。

感谢瑞士联合银行一位先生的慷慨资助,当我在雨林里艰苦跋涉之时,妮可被安置在了一家五星级酒店。可是虽然享受着阳光的舒适,她却始终惴惴不安。每天她都从本地新闻里听到无数在达连缺口发生的可怕之事。他们找到了多少具尸体。多少人在那儿失踪。每天晚上上床之后,想到可能再也见不到我了,她都浑身发抖。

当我终于到了城里的时候,已经将近凌晨三点。我两个星期都没洗过澡,衣服湿透,满身是汗,还糊着一层厚厚的尘土和污泥。我没有妮可房间的钥匙,于是来到前台。

"打扰一下,女士,"我说,"请给我一把妮可·洛特里房间的钥匙。"

她好奇地看着我,研究着我的外表。

"很抱歉,先生。我不能这么做。您怎么认识这个人?"

"我是她的先生。"我说。

她又一次看向我,不敢相信他们这家五星级酒店的客人竟会在凌晨三点到处闲逛,而且看上去简直就像贫民窟里的流浪汉。

"听着,"我说,"你能给她打个电话吗?她可以证明我是谁，然后你再送我上去。这样可以吗？"

那个女人犹豫了一会儿，最终还是大发慈悲。她打电话到妮可的房间，确认了我是谁，然后把话筒递给了我。

"妮可！"我说，"三十秒钟后我就会到你的床上！"然后我挂断电话，跳上楼梯，完全忘了在这种场所应有的礼仪。可是，当你回到家，回到你全心爱着的那个人身边，你就不会操心任何礼仪。你不在乎当众喧哗。你只想尽快回到她的怀中。

我进了房间，迅速冲了一个不得不冲的澡，然后爬进妮可的臂弯和那洁净的六十支纱斜纹被单里。

"你不会相信的，"我边上床边对她说，"我们看到了这世上最为壮丽的蝴蝶！"

第十二章

必需品

即便是在严冬之中,你也得保有一点点夏季。

——亨利·大卫·梭罗[1]

火。在路上,我们需要的生活用品很少,但火是其中之一。它是生命的给予者,它温暖周边的一切事物。你需要用它来煮咖啡,做饭。而它也是你的存在,你的朋友,以及你的家人。它们越过重洋,在一天里的不同时间休眠,可是不知为何,当火花闪烁,青烟升起,一种片刻之前还不存在的温暖便出现了。

此时此刻,外面还黑着,如果我点起一支蜡烛,所有人

[1] Henry David Thoreau,美国作家,自然主义者,代表作为《瓦尔登湖》。

便都会靠近。因为那是光,而人会被光所吸引。全世界的火都是这样。而在旅途中,这非常重要。露营时,你一直都独自在外,在那些偏僻的地方,距离任何人类都有好几英里远,可是当我们燃起一堆木头,便会被舒适感包围。

在环球之旅的一千九百一十个夜晚里,有一千二百多个我们都生了火。大多数时候只需要几分钟就能生好,我们在帐篷四周走走,找到一两块好木头。但是,其他时候则要久一些。我们并不总是在最为便利的地方。

在阿塔卡马沙漠里,事实上完全没有在任何地方找到木头的希望,因此我们只能临时凑合一下。我们知道那几个晚上我们必须得生火,因为尽管沙漠白天的温度很高,晚上却会变得非常之冷。所以,我们一直睁大了眼睛。一天走七英里时,你可以奢侈地看清每一个地方。你可以探寻角落和裂缝。有时会有卡车开过空空如也的沙漠,然后无缘无故地在这里或那里丢下一块木头。或者可能是一块碎片。无论何时,只要妮可或我发现什么东西,她就会靠边停车,捡起木头,扔进拖车里。等这一天结束了,看看我们找到了多少东西,你会吃惊的。要在路上存活,如果没有别的办法,就只能随机应变。

晚上到了露营地,我会拿出砍刀,砍下几段木头,在茫茫荒野中的繁星底下生起一堆火。舞动的火焰散发着温暖，那些平静的夜晚是我此生的最爱。

当人们问起在路上的故事，他们想听的是那些危难关头。他们想听与猎豹的遭遇，想听被持枪男子包围，想听妮可的重病。我可以理解他们。我们都喜欢紧张刺激。

然而，无论是什么样的冒险，你的脉搏也不会从头到尾始终全速跳动。是基本的生活和简单让你度过一天又一天。你必须得有像火这种东西，你必须把后勤工作计划好。

在旅程中，我们没有带太多东西，但带上的所有东西都一直陪伴着我们，因为它们全都是必需品。我们企图做到高效，

因此特意不把空间或能量浪费在只占地方却不增加价值的东西上。

我一直带着妮可。当然，她不是一个物质项，但让她陪在我身边，与一盒火柴或是一滴水同样重要。

同时，我们还一直带着摩托车、拖车，把二者连在一起的一些备用配件，一顶帐篷，两个睡袋，一个咖啡壶，一个意大利面锅，两个塑料碗，两把勺子，砍刀，一部摄影机，一部照相机，一双备用跑鞋，一袋衣服——妮可一套，我一套，一块盖拖车的防水布，一个急救包，一袋食物，最起码的六瓶两升装可乐，一桶水，还有一桶汽油。

我们还带着一个硬壳本，详细记录我们正在做的事情，除此还有家里的一些照片。有些时候，这些东西成了我们的通行证。在用其他方式难以解释时，它们让我们能够与对方分享我们的故事。我们希望人们能了解我们是谁，我们从哪儿来。而人们的反应总是激动而鲜明。让阿塔卡马沙漠里一个从没见过降水的人看瑞士的照片，上面有瀑布，有山峰，有雪，有树，当时的情景你能想象吗？

没错，有些时候，即便是简简单单的东西也能让你无法呼吸。

第十三章

新视力

陶冶心灵的最佳方式莫过于救人于危难之中。

——约翰·霍姆斯[1]

一九九七年十二月四日，我们在费尔班克斯结束了美洲挑战赛。天气冷得要命。阿拉斯加的冷，你在世上其他任何地方都感受不到。温度已经在冰点之下持续了两个月。在户外露营的我们始终能意识到恶劣的天气。路上空无一人。想想什么叫彻底的荒凉吧，基本上那就是我们所承受的一切。

至少可以说，我们的凯旋没有选在一年中最好的时候。

---

[1] John Holmes，全名为John Andrew Holmes，身份不详，有著作 *Wisdom in Small Doses* 和诸多名言警句遗世。

有那么几个月,阿拉斯加也会有夏天的温暖和仁慈,让人想要蜂拥而至。你想去钓鱼,去打猎,去参与那里的一切事情,让自己身处大自然的怀抱之中。但在冬天,阿拉斯加是一只野兽。有时连出门都很困难。然而,人们还是前来欢迎我们。或许没有我们期望的那么多,但盖伊·福涅尔,一位合法的金矿主,也是一位梦想家,两周前在阿拉斯加的荒芜中挥舞着一面瓦莱州州旗迎接了我们。他邀请了一些朋友和记者,组织了一场活动。城里来的人们或步行或骑车穿过滑腻的公路,在寒冷中挤在一起站在户外,等待我们拐弯。

当我们踏下这两万四千一百一十五公里(一万四千九百八十四英里)的旅程的最后一步,人群中响起了各种呼喊。有欢乐,有释然,还有回到某个温暖之地的焦急。

我交谈,握手,因眼前的整件事情而有点震惊。此时,这个男人从人群中走过来握住了我的手。当时我还不认识他。不久,我会知道他的名字叫罗恩·赞伯。他看着我,而我永远不会忘记他所说的话。"你所做的对我来说是一个具有启发性的伟大故事。我是这里的一名眼科医生,经营着一家诊所。你在跑步之旅中所做的事情真的给了我一些灵感,让我知道我也可以为某些孩子做点什么。无论如何,祝贺你。欢迎回来。"

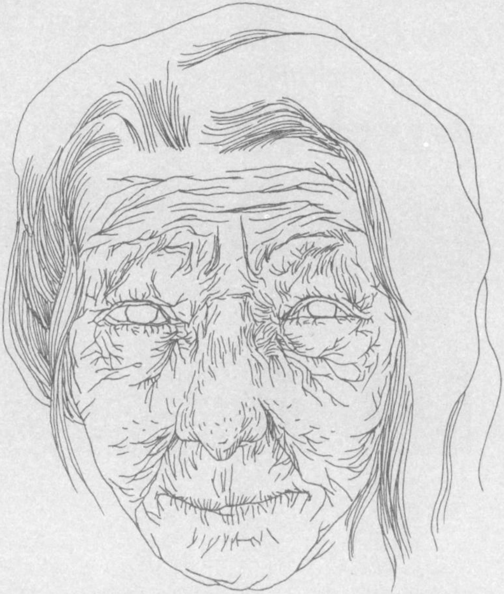

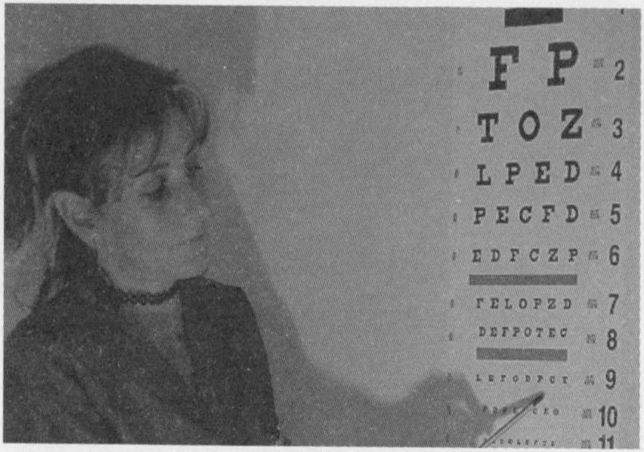
F P 2
T O Z 3
L P E D 4
P E C F D 5
E D F C Z P 6
F E L O P Z D 7
D E F P O T E C 8
9
10
11

就是这样,然后他便离开了。直到几年以后,我才再次听到罗恩的消息。

现在,让我们穿越到环球之旅。旅程行进了大概一半的时候,妮可和我在旷野中得到了一个坏消息。坏透了的消息,真的。运营我们的粉丝俱乐部,并支持我们这次"为了儿童环球之旅"的那家瑞士慈善机构退出了。我们本来希望能通过这次环球之旅,让全世界都意识到儿童所处的困境。自从一九七六年没能参加奥运会拳击比赛之后,我是第一次这样失望。而这一次,甚至似乎更加残忍。当你靠双腿跑了这么多英里,并且投入了这么多,听到你的主要赞助人失去了信心,这简直有如丧钟响起。他们说他们有很多理由。可在我听来,哪个都不是好理由。这家慈善机构的行径只不过是另外一起"多疑的多马①"事件。

失去了这一支持,对我们而言是个沉重的打击。不仅因为他们一直在帮我们寻找捐赠人,更是因为这次为儿童而进行的跑步已经给了我们一个伟大的目标。有一个理由支撑着我明天再跑三十英里。然后是下一天,再下一天。为儿童跑步不只是向我们自己证明某些东西,而是真正去帮助他人。没错,当然,没有他们,我们也能继续。但是在一天结束之时,你做某事的理由跟你做了这个行为本身同样重要。

---

① Doubting Thomas,多马为耶稣十二门徒之一,耶稣复活后,多马在未见到其本人之时一直表示怀疑,见面后才最终信服,从此为耶稣献出一生。耶稣曾对多马说:"你因看见我才信,那没有看见我便信的,有福了。"

我绞尽脑汁地想重新建立与这次环球跑之间的人道主义联系。突然，我莫名其妙地想起了费尔班克斯终点线前的那个男人。我忘记了他的名字，只记得他是一位眼科医生，希望找到自己的方式来帮助他人。我觉得费尔班克斯不是什么大地方，肯定很容易就能找到他。令人震惊的是，事情的确如此。坐在马来西亚的一家网吧里，我找到了他的号码，拨通了他的电话。

电话里的他，和我脑海中终点线前的形象一模一样，精神抖擞，愉快善良。他说，上次与我见面之后，他改变了他的生活。他已多次远渡重洋，去第三世界国家进行眼部外科手术，让类似厄瓜多尔、马拉维、尼泊尔那种地方的人民重见光明。只需要一百五十块瑞士法郎，他就能够治愈一个人的白内障。他告诉我一个尼泊尔人的故事。一位上了年纪的绅士，满脸皱纹，就像熨过的折痕。终其一生，他都没有看到过任何东西。他不知道世界是什么样子。草是什么形状，百合花是什么颜色。他的世界始终是块黑暗的幕布。他的妻子陪他一起来看医生，却几乎不抱任何希望。然而，过程进展得很顺利。当他终于睁开眼睛时，他看到了他的妻子。"老婆，你竟然比以前还漂亮。"正如你能想到的，每个人都哭了出来。

听到他这些人道主义行为，我非常激动。你模糊地记得一个人，最终竟证明他正是你一直在找的，也正是你希望他是的那个人。如果有人懂得帮助他人意味着什么，那罗恩就是这个人。我告诉了他我们的处境，发生了什么，以及我们在寻求什么。

他放声大笑，然后马上说道，他觉得我简直是疯了，竟然要跑比美洲挑战赛那一万五千英里还要远的路程，不过他希望能保持联系。也许我们可以实现一些事情。

我能听到他脑袋里的轮子在不停转动，便任他深思熟虑。我们时不时地通话，最终他做出决定，虽然他很想来看望我们，但鉴于在阿拉斯加紧张的手术日程，这是不可能的。

"你觉得这么办怎么样？"他说，"我想帮你们。为什么不由我来付旅费，让你们飞到费尔班克斯来呢？我们可以在这里的大自然美景当中制定出所有的细节。"

我记得下飞机时，我的心中充溢着一种巨大的可能性。尽管世上的每一扇门都对我们关上了，但是又有一扇新的已然敞开。

我觉得妮可和我都没想过有一天我们会重返费尔班克斯——美洲挑战赛那条魔法路线的终点。我们到过了那里，它已经完成了它的光荣使命。还有更多的东西要看，更多的事情要做。当然，还有更暖和的地方可去！

时间已经过去了六年，但这个地方仍因它的重要而铭刻在我们脑海里。如今，在这场环球之旅中，它将变得更加关键。

妮可和我从当时所在的澳大利亚飞到了费尔班克斯。在那里，我们见到了罗恩，他的妻子苏珊，还有他们的孩子们。除了那寒冷的天气，阿拉斯加的其他方面与我们当年离开时也毫无二致，而那里的人们仍然记得我们。在那两三天里，我们苦苦讨论出所有细节，就这样，罗恩·赞伯为我们的奔跑带来了新希望。我们签署了协议，然后精神焕发地飞到新西兰的奥克兰，已然准备好继续这场"为了儿童的环球之旅"。

"这就是你跑步的目的，"他说，"你应该去看看。"

我正在和罗恩通电话。我们人在南美洲，即将抵达里约。罗恩和我联系得相当频繁。现在他在我们身上投了资，而我们当然也要对他和他所做的事情有所投入。当时，妮可和我已经跑完了南太平洋，并且跨过了大半个南美洲。再过几个星期，等我们到达里约热内卢，也就是我们旅程的第两万一千四百六十二英里时，这块大陆就也跑完了。罗恩建议，等我们抵达里约后，应该回费尔班克斯参加一场短途慈善跑，然后跟他一起去哥斯达黎加出任务。

妮可和我同意了。这显然值得暂停我们的旅程。

那是二〇〇四年六月,在里约花了一星期拿到美国签证之后,我们又一次去了费尔班克斯。赞伯一家打算为他们的公益组织"国际视力寻求"(International Vision Quest)筹办一次跑步。募集来的所有资金都将用于罗恩的海外手术工作。至少这次我不用自己一个人跑!与一百二十名其他选手一起在八十六华氏度的天气下跑五公里。这就像是圣诞节。我们募集到了三千六百块瑞士法郎。数目不大,但却足够负担至少三十名白内障患者的手术,甚至能给几百个人各买一副眼镜。

跑步结束之后,在计划动身去哥斯达黎加的日子之前,我们有一个星期的时间。罗恩像之前承诺的那样,邀请我们去了他的诊所。他尽可能地让我参与其中,真是太激动了!我洗净双手,戴上口罩,看一位眼科大师施展他的魔法。正如你所能想象的,白内障手术非常复杂。眼内浑浊的晶状体将被摘除,代之以人造晶状体。大部分患者次日便可以清楚视物。我屏住呼吸,看着罗恩俯身在患者上方。视力是一场关于精确度的赌博。只要偏了一毫米,手术台上的那个人就会变成瞎子。因此,他会俯身在患者上方,屏住呼吸做整整一分钟的手术。然后他会后退一步,深吸一口气,接着再次迈步向前。这简直是个奇迹。

在哥斯达黎加的一周是一段纯粹而涤荡心灵的记忆。的确,它紧张而伤感,但妮可和我都带着目标振作了起来。罗恩和他的助手为五百九十二人做了检查,其中八十七人是年幼的孤儿。在最为富有的那些国家,上天赐予了他们最好的健康状况和最多的物质财富,我却从没见过在这样一个贫乏之地见到这种希望、快乐和纯粹的感激。妮可负责接待患者,给他们滴眼药水,好让他们的瞳孔扩张。与此同时,我每天都在录像,用镜头捕捉着一个个鲜活的故事。从一大清早到太阳早已落山,每个人都夜以继日地工作。那儿就是有那么多事要做,这个世上有那么多需求。

"你不累吗?"一天晚上,我问我的朋友罗恩。

"以后会有时间去累的,"他说,"现在是做好事的时间。"

在我们的飞机起飞前四天的那个周五,费尔班克斯附近发生了森林大火。起初是在遥远的边界,像个小孩子那样嘲弄着我们。可是很快,它便包围了城市,从四面八方袭来。森林大概有二三十英里远,但就像你能想到的,借着风势,二三十英里在阿拉斯加根本不算什么。

日子一天天过去，火势越来越大。天空中布满浓烟，空气变得无法呼吸。一种恶臭充斥着空气，辛辣得你都可以尝到。我们从窗口望去，只见它越来越近。不可避免地，我们接到了电话，命令我们撤离。从切纳河①到连接费尔班克斯与瑟克尔②的那条公路，这个区域内的所有人都得走。所有人都被鼓励戴上过滤口罩，待在安全的房屋里。不要恐慌，政府工作人员说道。但这很难。阿拉斯加境内有六十起森林大火在同时燃烧，其中多起已经蔓延了数百英亩。闪电不断刺破天空，但却毫无帮助。

　　罗恩的住处位于一个格外危险的区域。起飞前二十四个小时，我们开始着手撤离房子。我们带上了那些必不可少的东西，首先是他的两个孩子，然后是两条狗，两只猫，还有几件贵重物品。我们前往他的一个朋友家。那位朋友住在一个安全的地区。阿拉斯加已经二十多年没有经历过这种量级的紧急状况了。我们整晚都在听新闻。这座城市正在经历震荡。

　　那天晚上，我把罗恩拉到一边。我们可以看到远方的橘色火光。

　　"你知道，"我对他说，"我们不是非得明天走。你家就在边界。它会烧起来的。如果你要留下，我能够理解。"我说的是真心话。虽然我没有自己的家，但我懂得家的价值。我懂

---

①The Chena River，塔纳纳河的一条支流，长一百六十公里，从费尔班克斯中间穿城而过。

②Circle，阿拉斯加州城市，位于费尔班克斯东北方向二百六十公里处。

得一旦失去它，将会有多伤痛。

但罗恩只是耸耸肩。

"不，我们当然要走。拯救几个孩子比拯救一座房子要重要得多。"

第十四章

世界的周长

> 只要心仍向往,我就会继续前行。如果热情还在,为何要停下脚步?……有一天可能会到达收益递减点,我的体力将开始衰退。而在那之前,我将只是持续地艰难前行,尽力将一只脚迈到另一只的前方,并始终面带笑容。
>
> ——迪安·卡纳泽斯

它是在终点线开始的。不可否认,在终点线开始某件事情,实在是个非常奇特的地点。但是在美洲挑战赛结束之时,刚一抵达阿拉斯加州的费尔班克斯,我就知道我还没有完成。我知道我可以继续跑下去。动身之前,我不敢自负地说我一定会成功。不,那太孩子气了。我只是承诺我不会放弃。这两者之间有很大的不同。我告诉所有人我已经准备好了去远方,很远的远方,那么为什么不坚持到底呢?所以我们到了这里，在三年之后，我们成功抵达了终点线。而当我兴奋于一张温暖的床和真正的休息时，我更想要的并非那些东西，而是继续前行。

乐队使尽全力吹吹打打，一小撮人聚在一起，簇拥着寻找温暖。这个时候，我靠向妮可，轻声对她耳语："重头再来一次怎么样？"

而妮可，我的新娘，她毫未犹豫。就像指着阿根廷底部的火地岛时一样，她用同样的方式回答了我。她的眼神勇敢而兴奋。她不需要说任何话。对于她的回答，我早已了然于胸：好！当然。

准确地说，环球之旅就是这样开始的，在一场一万五千英里远的旅程尽头。那是一九九七年的十二月，而我们要到二〇〇〇年的二月份才能开始环球之旅，这给了我们大概两年的时间去做好全部后勤工作。

后勤工作并不容易。我本以为这次会比第一次顺利点儿。人们会看到妮可和我已经成功过一次——而我们能够再次做到！可是，那么多的人都不愿相信梦想。他们只愿相信冰冷而坚硬的现实，以及现金。除此之外，还有其他一些乱七八糟的细节，这把所有的魔法都耗光了。不过那些细节是必要的，和后勤一样必要。

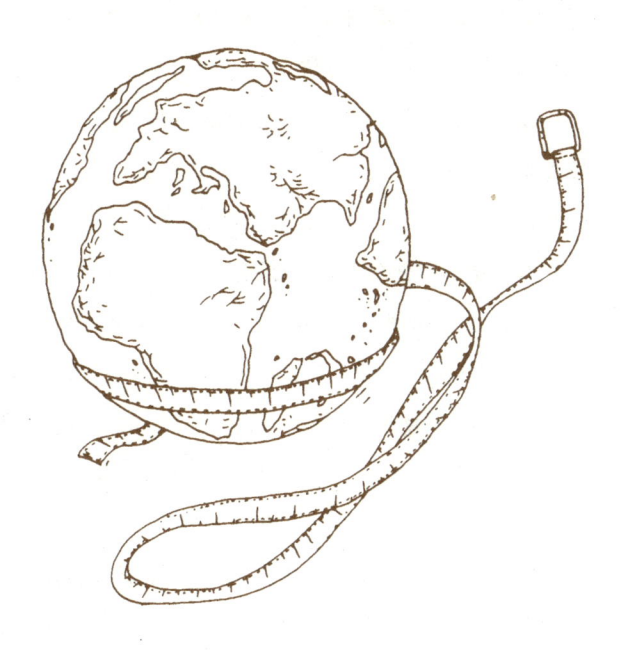

想法来得非常简单。我们知道不论我们接下来要做什么，都得比上一次更大，更好。我们必须驱策自己去完成一次新的壮举。既然我们已经跑完了世上最长的高速公路，啃下了一万五千英里，那接下来要做的就必须大得令人难以忘怀。所以，还有什么东西能比全世界更大呢？

人们经常对"环球跑"这个词感到困惑。他们看着几大洲的曲线弯向海洋，看着那大块的空白，然后他们挠着脑袋，不是很知道该怎么做这道数学题。但是事实上，这相当简单。环球跑，就是跑完地球周长那么远的距离。从地球最粗的地方算，也就是赤道，这个数字达到了非同凡响的四万零七十五点一六公里（两万四千九百零一点五五英里）。

我们最初的目标是首先穿过瑞士、法国，接着是摩洛哥、毛里塔尼亚、塞内加尔、几内亚、象牙海岸、加纳、多哥、贝宁、尼日利亚、喀麦隆、刚果、扎伊尔、乌干达、卢旺达、布隆迪、坦桑尼亚、马达加斯加、埃及、加沙、约旦、黎巴嫩、叙利亚、伊拉克、科威特、斯里兰卡、印度、尼泊尔、孟加拉、泰国、越南、新加坡、澳大利亚、巴西、智利、秘鲁、厄瓜多尔、哥伦比亚、海地、美国，最后经过西班牙和法国回到瑞士。

当然，这并非最终路线。从你动身出发到最后返回，这中间会发生那么多的事情。就我们的情况而言，爆发了多起内战，还发生了九一一事件。还有一些国家，我们就是单纯地无法入境。或者，就算我们能够入境，也会刚一抵达便被开枪打死。

第一个重要转折点出现在非洲。当时我们正前往几内亚。边境持续动荡不安。塞拉利昂和利比里亚的叛军烧毁劫掠了无数村庄，并大肆奸淫杀戮。一天晚上，我们待在一个街区。那里的绝大部分棚屋都被烧成了平地。大人和小孩都在街上尖叫，有四百零七人被砍死在了一场部落袭击里。

我们本来必须通过的森林地区（马桑塔①）遭受了惨重的人员损失。公路已经封闭，由士兵进行看守，完全没有办法进入象牙海岸。尽管几内亚是个从未经历过战争的民主国家，此时却已经进入了警戒状态。因为肤色的缘故，我们没有遇到更大的危险；冲突的根源是种族矛盾。但是，其实都一样，就像妮可说的："最好不要去招惹魔鬼。"因此我们掉头去了这个国家的另外一侧，改走马里和布基纳法索。这一变动让我们多走了"微不足道的"八百公里（四百九十七英里），差不多要跑上一个月。我们增加了南非、斯威士兰和莫桑比克。在多哥，我染上了严重的痢疾——跟妮可后来患上的种类不同。妮可花了三个小时跑遍全城，在一块举目无亲的土地上绝望地寻找一个高明的医生，来治疗我一百零六华氏度的体

① Macenta，几内亚东南部城镇。

温。可那是一个节日,所有人都在欢庆,这让问题更加复杂。妮可最终找到并治疗我的医生告诉她,要是再过三到五个小时她还找不到一个高明的医生,我可能就会死掉。但是在他的帮助下,我康复了。环球之旅继续进行。

最后,因为九一一事件,我们还放弃了伊拉克和伊朗。同时放弃的还有南美洲的一部分——秘鲁、厄瓜多尔、哥伦比亚和海地——取而代之的是阿根廷和巴西。

不过,尽管拼图拼凑得有些马虎,得出的总和仍然高于我们的分数。二〇〇五年回到瑞士的时候,我们已经环绕了地球一周。

第十五章

人类的温暖

> 我们不能只为自己而活。数以千计的纤维将我们与同类联系在一起。在这些纤维之间,比如交感神经线,我们的行为既是因,又是最终自身承受的果。
>
> ——赫尔曼·梅尔维尔[1]

人类的因素不能小视。爱。努力。温暖。以及当某人可以只是伸出手触碰你时,你所拥有的被放大的潜能。在路上,我们数百万次地在拥挤与冷清、陪伴与孤独之间波动,而每一次,我们总是从另外一个人类那里找到一个鼓励的词语——甚至只是一个眼神,从而为我的心灵和双脚提供燃料,这是在其他地方找不到的。

那天,我们正在埃索拉[2]郊外。摩洛哥海岸线上的每一

---

[1] Herman Melville(1819—1891),美国作家、诗人。代表作为《白鲸》。
[2] Eassouira,摩洛哥城市。

块土地都让我们想起巴塔哥尼亚,那个被遗失和遗忘的大陆。在那里,你首先注意到的是它的辽阔。无穷无尽的大地向天空蔓延而去,将你和地平线分隔开来。城镇之间远得遥不可及,补缀其中的是一弯弯干渴的沙漠和崎岖的海岸线。那不是一处风景,而是很多处。一幅幅的全景彼此交织,形成了一张颇为适合安瑟·亚当斯①的全景图。

你知道你在哪儿,你对此很确定,但是周边的某些东西却让你有种灵魂出窍的感觉,就好像你的一条腿在世界的这个地方旅行,而另一条腿却在另外一个地方。前一分钟似乎是在内陆,下一分钟又分明像是在一条苏格兰的海岸线上,深蓝色的浪尖堆着泡沫。世上很少有这种地方,红尘琐事与超凡脱俗竟在这样一种独特而又宁静的混合中互相碰撞。狗儿们,猫儿们,还有马儿们,与犰狳和鸵鸟共享着土地。而濒临灭绝的地中海僧海豹,则与带着大理石花纹的鸭子和阿尔及利亚刺猬们分享着海岸。沙漠里既住着小鹿瞪羚,也住着金色的胡狼。

我已经跑了五个小时。有时候五个小时让人感觉很长,有时候又感觉很短。还有些时候,就像那天,感觉似乎每一分钟都在将我耗干。我能感觉到渴意正爬上喉咙,饥饿也正迟钝地从一场长长的小睡中醒来。在那样的时刻,当跑步打

---

①Ansel Adams(1902—1984),美国著名自然摄影师。

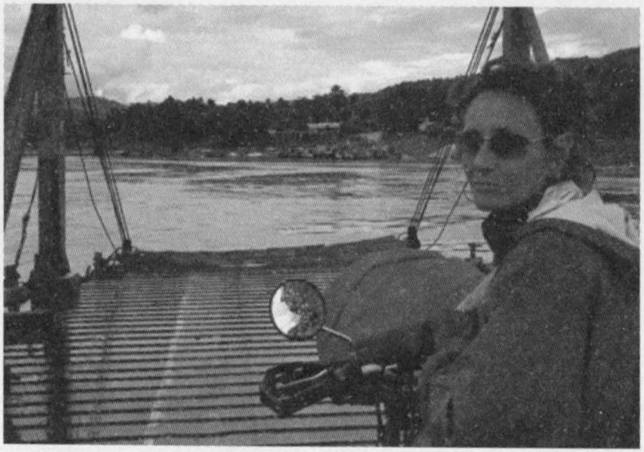

败了我，我会环顾四周，身边正在发生的一切似乎都那么轻松。微风拢起沙粒。摩托车嗡鸣着。妮可泰然自若地骑在上面，仿佛这数英里的路途丝毫没有使她狼狈。可我的腿却像灌了水泥。每一步都沉重而疲累。不，你简直不能把那叫脚步。我的嘴唇被太阳晒得干裂。我的舌头在嘴里感觉重重的，好像占据了太多的空间。汗水里的盐巴糊住了我的眉毛，顺着我的双臂和双腿往下滑，为这艰难的脚步留下湿黏的证据。我筋疲力尽了。

妮可逼我停下来吃点东西。当我意志消沉之时，她总是能分辨出来。我们在路边驻足。我咕咚咕咚地喝着可乐，同时胡乱地把三个格兰诺拉燕麦卷①塞进肚里。三十分钟之后，我们艰难地再度启程。

即将抵达下一座城镇的时候，我们在街上遇到了一个缩起身子的乞丐。那是一位满襟风尘的老妇人。她走近我们，皱纹密布的脸上一副听天由命的神情。她朝我们的方向伸出一只颤抖的手，于是妮可递给她三个迪拉姆②。老妇人充满感激地抓起妮可的手，轻轻地贴在自己脸上。一种和蔼而愉悦的笑容浮现在她的双唇。这一幕真是让人着迷。那一个瞬间让我们记起了我们究竟为什么跑在路上。

有些时刻，你觉得自己力有不逮。所有人的质疑汹涌而至，

---

① granola bar，一种早餐营养食品。　② dirham，阿拉伯联合酋长国的法定货币。

在你的心里撬出一道小缝，你会想，也许，只是也许，你并不适合这种冒险。然而这时，有个人伸出手触碰了你，就这样，你复活了。曾经似乎压倒一切的重量如今轻若鸿毛。没错，它仍然存在，但却不值得大惊小怪。没有什么能阻止你迈出下一步。

那天晚上，我们在一座可以环顾四周的悬崖上扎好帐篷休息。海浪拍打着岩石，溅起片片浪花。我们各拿了三升水去洗澡。这实在很奢侈。我们已经五天没有地方洗澡了。我赤着身子在悬崖上舞蹈、歌唱、跳动。妮可则害羞得多。她躲在大一些的岩石后面，举着水罐冲洗自己。

我们坐下去点起一堆火。没过几分钟，警察就来了。他们刨根问底地盘问我们，并说我们必须马上离开。显然，就在几个月前，同样是这个地方，另外一些旅行者被人袭击了，并遭到了野蛮的强暴和殴打。警察将我们带回了局里。我们在那儿睡了一晚。运气多好！

早上，我们离开阿加迪尔①，站在了撒哈拉沙漠的门口。我们面前，是一千九百二十公里（一千零六十九英里）远的、广阔而无垠的沙漠。

---

①Agadir，摩洛哥西南部的一座港口城市。

第十六章

骆驼与大美

最大的财富是安于贫穷。

——柏拉图

我们在最难熬的时间走进了撒哈拉沙漠。那会儿是六月份,一年当中最热的时候。我们本没打算赶上这会儿去毛里塔尼亚,但由于离开瑞士比原计划晚了四十五天,所以,运气就把我们带到了撒哈拉的酷暑里。

毛里塔尼亚是一个小国,但跟瑞士比起来,就显得很是巨大了。不过,那里只有两三百万的人口。这不算什么,真的,想想看,这个国家的百分之九十八都是纯粹的沙漠。而虽然出没于沙丘之间的游牧民族非常富有,并且储存了大量的物资,城镇里的居民却深陷于贫困之中。在美洲挑战赛的过程中,我们经常遭遇贫困,但毛里塔尼亚有过之而无不及。有人曾警告过我们:在非洲,贫穷就是真正的贫穷,一无所有。然而,让人惊讶的是,那些最为贫穷的人却从不抱怨。他们被赐予了不变的淡淡笑容。

妮可和我在那儿待了一个月——只有一个月——但每一刻都有如永恒,历历在目,难以忘怀。

在毛里塔尼亚,财富不用钱来衡量——不是用财产、衣着,或者车子。而是用骆驼。一个人与他的骆驼之间的关系,是我们西方人所无法理解的。骆驼是他们物资的来源,并且在此前的几个世纪里送给了他们很多礼物,这既包括人类的食粮,也包括运输。首先,骆驼可以提供数量巨大的骆驼奶。产仔之后的九到十八个月内,雌性骆驼每天可以挤出超过一加仑的奶水。而对于撒哈拉沙漠里面的游牧民族来说,这种偶尔混杂了一点骆驼血的奶水,是他们独有的食物来源。骆驼奶不光可以用来喝,还能做成黄油和奶酪,而经酿制之后,它还会变成酒。

比这更重要的是,骆驼还是交通工具。它可以带你从一个炎热之地走到下一个。无论天气怎么样——酷暑还是严寒——大部分骆驼在负重三百多磅的情况下，仍能带你每天走上二十五到三十英里。有些品种的骆驼走的比这还要多。

骆驼是沙漠文化里至关重要的一个方面。甚至常常见到有些男人对骆驼比对妻子还要好，这让我颇为震惊。

妮可和我知道，要想成功穿越沙漠，唯一的方法取决于我们是否接受游牧民族的款待。撒哈拉是一个流动的地方。今天建起营地，搭好帐篷，安置好家人和食物，明天却会发现它们消失得无影无踪，就像从来不曾存在过一样。它们没有固定的地基，不断四处游走。

但游牧民族却不会混乱无序。他们聪明机智，做事很有目的性。他们知道拥有一个不被太阳晒到的蔽身之处是多么重要。从上午十点或十一点，到下午六点或七点，这段时间你必须躲进帐篷里。待在外面实在难以忍受。

于是，你接受了他们的款待。而他们"欢迎"的最佳方式——就像我们端出一杯茶或一杯水那样——是给你送上一大碗骆驼奶，差不多有半加仑。虽然这种浓稠的混合物尝起来味道已经不是很好，但你得记着，外面那么热，没办法让骆驼奶保持凉爽，所以它凝固了。而且，风一直在吹，所以奶里会有一点点草和沙子，像冰块一样四下浮动。可不管怎样，你都得喝。如果不喝这碗欢迎奶，就意味着你不接受他们的款待。

在撒哈拉沙漠的第一天,妮可勉强咽下了她那碗欢迎奶的一小部分。几分钟后,她缩起身子,把奶全都扔了。我能把它喝下去,我也真的喝了,但那是我此生喝过的最难喝的东西。而在毛里塔尼亚的那一个月里,每天我都得喝它。

关于骆驼奶还有一件有趣的事情。他们会给十二到十四岁的青春期少女喝很多这种东西。每年他们都聚集所有的青春期少女,并将她们带到一个遥远的区域。他们让这些女孩喝上四到六个月的骆驼奶,尽可能地令她们长胖。在他们那里,长得越胖,将来就会越富有。而当这些女孩在外增重的时候,她们的父母则在家为她们寻找夫婿。等女孩回来时,就已经够胖了,也准备好嫁人了。

而那正是他们这么瞧不起我的原因之一。记得在毛里塔尼亚入境时,在边检处,我率先接受检查。那儿的官员回头看向妮可,问:"那是你老婆吗?"听上去他已经失望了。

"是的。"我说。

"你应该抛弃她。"他边说边仔细查看我的护照。

我看着他,有点糊涂。

"为什么呢?"我问。

"她太皮包骨头了。"他嘲笑地说,"没人会想要她的。"

对他们来说，有个皮包骨头的老婆，意味着我不够有钱有势。同样，当他们看到我跑步而妮可骑车时，反应与此相同。

"不应该那样，"一个男人对我说，"应该你去骑车，撵她去跑步。"

可是在那里，我也被问过不下二十次："要多少头骆驼才能买你的老婆？"

他们的逻辑冲击着我的思想。他们住在与世隔绝的游牧房屋里，晚上，男人们开着豪华的四轮汽车回来，车上有二十一世纪的卫星电话、GPS和高科技，但他们的生活却秉承着五百年来一直秉承的习俗。

在撒哈拉沙漠里，我们跑过了二千公里（一千八百六十四英里）的标志。这个地方用火烫的铁板给我们留下了烙印。尽管我们凌晨两点就起床，想早一点好躲过阳光，但却逃不掉那里的高温。每迈一步，温度都在迅速地提高，沙漠就在我们眼前一点点地干涸。温度计用不了多久就会跳到一百一十八度。而尽管我们每天都要喝掉多达二十升的水，我却还是遭受着严重的脱水。实在是太严重了，以至于我甚至开始尿血。

然而，贫穷，习俗，荒芜，这里的艰苦只是激起了我们的斗志。撒哈拉沙漠里唯一真正的惬意，是当你被沙丘包围，躺在黑暗之中时，它那与众不同的子民与它那夜晚的好意。头顶是你在任何城市都看不到的星辰，像聚光灯一样明亮而耀眼地照着你。

离开毛里塔尼亚的时候，我们感觉我们离开的这个国家来自另一个时空，另一个世界，另一个年代。我们徘徊其中的，是一个不属于我们的宇宙。

就在我们准备离开首都的时候，妮可瞥到一个小男孩蹲在桌子底下躲避阳光。她缓缓地走向他，递给他一瓶水。他身上散发着臭气，双眼被风沙吹红了。他眯起眼睛，似乎是在感谢她。妮可询问他的姓名年龄，但最让她忧虑的问题是他有多久没洗过澡了。

"两个多月。"他说。

我们没办法坐视不管。我们多想带他去洗个澡，给他换身干净的新衣服。

可是在毛里塔尼亚这样的地方，你会学到，你不能把自己的习俗和期望强加给来自不同世界的人。

这个世界的某些部分之所以是那个样子，是因为他们就想那样。

有些时候，无论与你的心意有多么不符，你却只能任由他去。

第十七章

施舍

怜悯贫穷的，就是借给耶和华，他的善行，耶和华必偿还。

——《圣经·箴言》十九章十七节

妮可遇到他们的时候，我们在塞内加尔，紧邻几内亚边境的凯杜古村。那儿是非洲的腹地，似乎与万事万物都隔绝了。

那天早上，我们步行前往邮局。想到当时的情况，就连说起来都觉得好笑。我们顺着写有"邮政总局方向"的路牌，沿着一条曲折肮脏的马路一直走到尽头，那儿有一张木头桌子和两把椅子。显然，那就是他们宏伟的邮政点！

应当承认，妮可和我有些紧张。此前的三天我一直在休息，企图战胜突然发作的肌腱炎。而再过一天,我们就得出发去丛林地带。那里的路只不过是变化无常的泥泞山径,也没有人会去那里援救你。

旁边有个声音在乞求施舍,但妮可和我都假装没听到。有时候,与陌生人的遭遇会让你动摇,而当时的我们已经处于脆弱状态,何苦还要进一步摇晃自己呢?

我离开去往家里打电话,留下妮可站在桌旁。

那个声音第二次响起:"太太,施舍一点吧。"

妮可也许是太紧张了,大声冲他喊道:"算你运气不好。越是跟我要,我就越不给。"

那三个男人意识到这个女人心情不好,所以不但没有发火,反而突然笑了起来。他们的声音听起来很快乐。

上天赐予妮可的不光有急脾气,还有一颗善心。她立刻感觉很糟糕。她转过身去,发现了三位带着宽边帽的老年男子。帽子太大了,几乎都看不到他们的脸。他们虽然已经老了,但却不同寻常。他们没有手,没有脚,也没有脸。他们只是几根畸形的树桩。这是麻风病干的好事儿。

妮可的内疚感顿时增加了十倍。她将手伸进兜里,掏出三枚硬币,每人一个。而在逐个递给他们硬币的时候,她还探过身去拥抱并亲吻了他们。

第十八章

感染不明物体

人类是由血、肉,以及一种名唤勇气的神奇纤维构成的。

——巴顿将军[1]

我们站在莫桑比克的货舱里。人们朝四面八方奔跑着。混乱的身体,混乱的交谈声。门口胡乱地挡着硬纸板。箱子从地面堆到屋顶。穿着褪色严重的蓝制服的男人们搬着,拉着,组装着。

世界上有些地方,到今天仍然感觉一切都是旧的。所有东西都反复使用,直到破得无可救药。当我们站在巨大的船坞里,等着把摩托车运上船时,莫桑比克就是这样。在装船

---

[1] General George Patton(1885—1945),二战中美国名将。

的过程中，你站，你看，你回答，你打包，但是，最为重要的是，你祈祷什么东西保佑它顺利抵达。在一定程度上，事情总是这样的。许多的希望掺杂着混乱与耐心。

用船运送我们的摩托车比较乏味，但却很有必要。而把它从一个目的地运到另一个，对我们的时间和理智都是一种消耗。它考验着我的耐心。当你生活在一个第一世界国家，而且那里的一切行为似乎都那么简单，那么高效，有时你就会忘了，在另外一些地方，它们会变成这些混乱的秘密事件。人们拔高嗓门。贿赂在桌子底下——甚至是上面——互相交换。箱子用胶带缠在一起，看上去不比飓风袭击过的码头结实多少。

把摩托车从莫桑比克运到马达加斯加的过程本来没有什么不同，直到两辆灵车开进了货舱。就这样，突然之间，喧闹停止了。男人们不再拉、跑、讲话。他们穿着那身褪色的制服，带着那张没刮过的脸，沉默而尊重地低下了头。两个木制骨灰盒从灵车车厢里被拉了出来。两个人——年轻还是年老，男人还是女人，谁又知道呢？——从车子里被挪进了板条箱。他们要被送回故乡。我可以听到隔壁的工人在笑，笑声中充满生命的快乐。这对比实在太过鲜明。世事无常，生命转瞬即逝。

那天的天气很好。到这个时候，我们已经在路上跑了十八个月。我的双脚已经以每小时七点四英里的稳定而可靠的速度，在地面上敲击了将近六千五百英里。我穿越了十四个国家，穿破了十八双鞋。我们最近刚从莫桑比克跑到了马达加斯加。

我一直在期待我们路线的这条直角边。马达加斯加和你见过的任何地方都不一样。它或许自称是非洲，但却一点都不像。这个岛国被几英里深的海峡与大陆分开，因此创造出了难以想象的不同。岛上的动植物都极其罕见，简直不属于这个尘世。

马达加斯加由多个部分组成，也是多种文化的融合体。它古怪得让你再也记不起自己本来想看到什么，感觉到什么，嗅到什么。你会被新奇袭击。当然，它那陌生而充满活力的面孔会有点阴魂不散。它萦绕不去。它刺激着你。但是就像路边发生的车祸一样，你没办法不停下来去看。你不可能忘掉它。

夜幕降临时，我们来到了特拉法尔加（Trafalgar）附近。单单那一天，我们就在繁茂的山谷和青翠的稻田中行进了三十六英里。

天空中太阳灼热,投射下笔直而真切的阳光。我们略微偏离了路线——只有六英里——在一个宁静的地方停住了脚步。我们决定当晚犒劳一下自己,找家酒店住。这听起来要比实际情况奢侈得多。你得明白,马达加斯加不是一个富有的国家,因此,所谓酒店,实际只是个非常简单的地方。比如露营地里的一顶帐篷。没有电,没有舒适,保证会有的只有臭虫。另一顶帐篷里会有淋浴,但只不过是个能往外泼水的罐子。可是,至少你的头上会有屋顶——而对我们来说,这个晚上我们就不用再去搭帐篷、找柴火了。

我们取出一套干净衣服,去只有几百码远的一家小餐厅吃晚饭。香味很诱人。菜单上有芝士火锅和干酪土豆①。这儿的老板是个法国人。他在我们桌前坐下,开始讲起这个岛上从伏都教②到巫术的所有传说。我对这些非常着迷,但妮可却在角落里打起了盹。

她探过身子,吻了我的脸颊一下,说她要回去洗个澡,早点上床。

"好的,好的,"我说,"我一会儿就回去。"然后我又坐了半个小时,听那个家伙讲他的故事。在路上,我总是渴望与人交谈,急于听到其他人的故事。

当时,我并没有在乎妮可回去这件事。为什么要在乎呢?

---

①fondue and raclette,均为瑞士特色菜品。　②voodoo,西非的一种原始宗教。

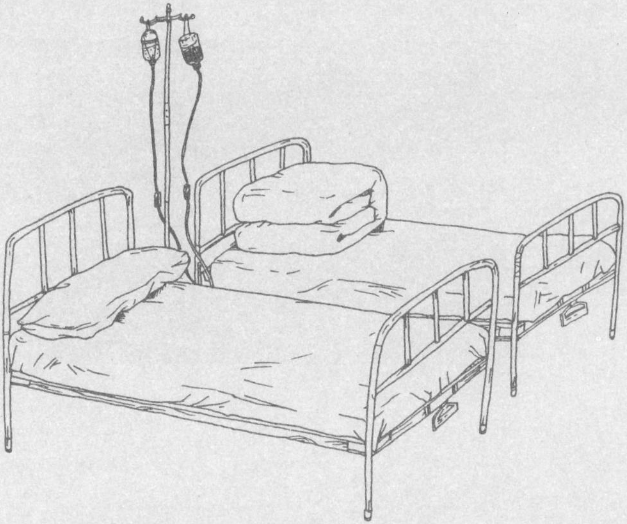

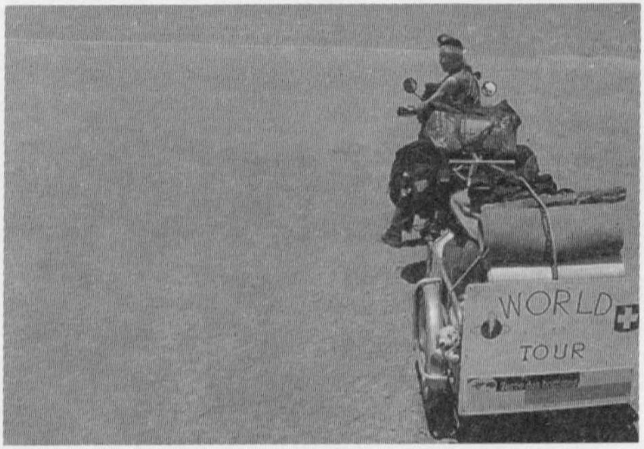
WORLD
TOUR

当你试图去做像环球跑这样一件意义深远的事情时,你只看到大事上面的危险,只看到那些真正会吓到你的可能性。喉咙上架着的刀子。门口的窃贼。路途上的战争。所以,我什么都没想就让她走了。当然,我完全不知道接下来发生的事情会永远地改变我们的旅程和我们的人生。

我起身走到淋浴的帐篷。

"妮可?"我说。

起初我很镇静。我安慰自己是我反应过度了。她没事。当然,她没事。但是没有人回答。

"妮可?"我又喊了一声。这次声音比之前大了些。第一丝恐怖浮了上来。

浴帘松松地垂着,并没有完全挡住。它们的边缘肮脏污秽,像旧衬裙一样用得太久了。我能听到远远的右边传来水流打在石头上的声音,然后,我看到一双女人的脚从脏兮兮的浴帘底下露了出来。

"妮可!"这次我大叫了起来。我走向那间淋浴室,心剧烈地跳动着,希望只是水流声太大,让她没听见我的声音。希望她只是想多洗一会儿放松放松。

我一把拽开了帘子。可我不认识那张脸。那是一个陌生人。

我笨拙地道歉，话语都缠在了舌头上。我能感觉到湿黏的汗水冒出来，在眉毛上和掌心里聚成了小小的水洼。

在这种时候，你想象的都是最糟糕的情况。这个世界遍地美景，但邪恶同时也若隐若现。强暴、绑架、谋杀，各种可能性都涌上了我的脑袋。身处异国他乡，本来就有风险。危险就潜伏在街角，你却永远都不可能真的知道。在我的全部岁月里，在我的全部经验里，我从没像那一刻那样害怕过。

我连忙退出去，穿过院子，高声喊着她的名字。只听声音回荡着，然后从角落和缝隙里溜掉。很多脑袋探出来，好奇是谁在喊，又为什么要喊。可哪个都不是我想看到的那个人。

我回到我们的帐篷，祈祷我们只不过是在路上错过了。而刚走进门口时，有那么一阵儿，我彻底放心了。她在那儿。我松了一口气，血液开始再次在我的血管里流动。感谢上帝，我在脑海里不断重复。

可是，这口气还没喘完，我就看到了整个景象。没错，她是在那儿，可是却没有动。她四肢僵硬，一动不动，两眼向内翻卷。我无法断定她的心脏是否还在跳动。

在非洲的每一秒，它都会发生很多次。由于这块大陆上最为致命的那些生物，事情变得非常危险。可是你现在还不知道。一两个星期之内，你都不会知道。像任何新的一天一样，你带着健康的身体和强壮的脊柱继续前进。迹象还不明显。没有任何理由去怀疑它发生了。

它的开始是轻轻的一咬。这么简单，一点都不疼，所以你根本不会多想。如果有人问你，可能你甚至都不确定它是什么时候发生的。但是它的确发生了。

蚊子这个歪歪扭扭的小生物，在出乎意料的时刻到来——注视着准备下口的那块赤裸肌肤。"她"加速、低头，然后把长长的嘴插进皮肤，刺穿肉体。"她"首先钻透皮肤，然后是一层脂肪，最后抵达了"她"渴望的金矿。接着，"她"开始吸吮。但蚊子并非只是简单地摄取。一向都很慷慨的"她"还会归还。为了防止血液凝固，"她"会向里面吐入唾液。"她"的唾液里充满了看似微不足道的蠕虫状生物。而这些生物，这些微型的，小得令人难以置信的生物，就是疟原虫[①]。

当五万个疟原虫被挤成一点点粉末，只有十三个设法进入了血管。但这已经很多了。毕竟，只要有一个就会致命。致命到非洲孩子被蚊子咬后一分钟就会死亡。

蚊子身体细长，长着斑斓的翅膀，是唯一一种可以储存并传播人类疟原虫的昆虫。而有罪的一方都是雌性。很奇怪，雄性蚊子对血液毫无兴趣，而相反的是，雌性蚊子却要靠血

[①] malaria parasite，疟疾是一种严重危害人体健康的寄生虫病，而疟原虫则是引起疟疾的病原体。

液来养育蚊子幼虫。

一旦进入血管,疟原虫就开始飞快地实施它们的卑鄙勾当。它们径直来到肝脏,然后分别进入一个肝细胞,有如回家一般自在。从外面看,人体的一切都乐观而美好。而在里面,疟原虫正在积极工作。它打开大门,摆好大炮,并且它们会以惊人的速度繁殖。它消化掉细胞里原有的健康物质,代之以它们的肮脏和污垢。每个细胞都可以自我复制多达四万次。那不再是耳语,而是呼喊。它骚动不安,如脱缰野马般涌上街道,沿着血管游遍了循环系统。然而,它们还不满意。它们正在成长。而且它们会用你希望自己能够拥有的那种耐力去持续繁殖。

直到这时,你才开始明白身体不再是你自己的了。发生了一些事情。一些奇怪而又非常糟糕的事情。会有一些身体上的症状。你的体温开始升高。你头疼,肌肉疼,发烧。你颤抖,流汗。你疼,你热,你浑身发黏。你不舒服。更重要的是,你已经落败了。无论你的身体打算怎么对付它,怎么把它晃动出去,它们都只是持续地繁殖。你身体里的它们已经数以亿计。

在最糟糕的状况里,一些感染的细胞会积聚在大脑血管边缘,栓在上面。这种结合是死亡的信号。它会导致大脑肿胀。而已经令人痛苦不堪的疟疾会进一步加剧，以一种新的方式来展现自己——脑型疟。没有什么比这更可怕了。这时候，身体彻底土崩瓦解。疟原虫已将所有好的机体毁坏殆尽，没有健康细胞可以继续战斗。

你几乎无法呼吸，也无法泵血。你挣扎、颤抖，最终，你向前摔倒，陷入昏迷——疯狂的先兆。

在启程之前，疾病是我们最为关注的问题之一。在瑞士——或者说，在大多数发达国家——我们无须担心昆虫，以及昆虫那随时准备注射的细喙携带的死亡。这是贫困国家的烦恼。太容易忽略了。太容易只把它看作穷人们的日常现实。他们的生命被那支微型军队所统治，所消灭。在这样一个发展和进步的年代，疟疾却比以往危害着更多的人。它在一百零六个国家盛行，威胁着全球多达一半的人口。据一项令人忧虑的统计，每年因疟疾导致的死亡人数可能被大大低估了。《柳叶刀》（*Lancet*）上发表的一篇研究文章指出，二〇〇四年，全球实际共有一百二十四万人因疟疾而死亡。这个数字事实上是世界卫生组织报道的两倍。

疟疾无法被遏制，并传播得如此广泛，这一真相令人非常恐惧。这一顽固的菌株具有强大的耐药性，以致几乎无法控制。它是死亡的幕后操纵者。没有终点的不治之症。此时此刻，就在今年，小小的蚊子将会刺穿十亿人的肉体，其中的上百万人——母亲、父亲、女儿、兄弟、姐妹、丈夫和妻子——将会成为一个平凡的统计数值，一块预料之中的墓碑。

这种疾病并不新鲜。它早已大名鼎鼎。它凭借自身的智慧已经繁衍了上千年。它找到我们脆弱的漏洞，这样它就可以在我们身上叮得更久一点，从而进攻和击败我们的免疫系统。有少数国家在它的进攻底下幸存了下来，但没有哪个人伟大得可以不屈服于它——包括声名远播的希波克拉底[1]和亚历山大大帝。

这种疾病的名字源于意大利语 mal'aria，字面意思是"污秽的空气"。它横扫了罗马帝国的庭院，几个世纪都挥之不去。曾有四位教皇染上该病，遭遇相同的还有诗人但丁。它还拦住了两个最为传奇的勇士率领的大军——匈奴王阿提拉[2]和成吉思汗。同样，它也扫荡了美国，将触手伸向了乔治·华盛顿、亚伯拉罕·林肯，还有尤利西斯·S.格兰特[3]。事实上，在十九世纪，这一疾病猖獗到竟有医师以安全为由请愿，要求沿华盛顿四周安装一张巨大的金属丝网。还有科学家热衷于相信，全世界的一半人口最终都是因蚊叮而死。

然而这种贪婪的疾病并不仅仅安于人类。疟疾偷偷开辟新路，攻破了老鼠、鸟类、豪猪、猴子、蝙蝠和蛇的免疫系统。

---

[1] Hippocrates，古希腊名医，被称为医学之父。
[2] Attila the Hun（406？—453），匈奴帝国国王。
[3] Ulysses S. Grant（1822—1885），美国第十八任总统。

这是一颗疟疾横行的星球,而现在,它侵入了我的家庭。

痉挛开始时,我正站在帐篷门口,离她那可怜的身体很近,不知道该做些什么。妮可开始在地上烦躁不安地翻动,仿佛是厌烦了她的四肢,希望能摆脱它们。她的整个身子剧烈地抽搐着,舌头啪嗒啪嗒地舔着嘴唇,毫无克制或约束的迹象。似乎眨眼之间她便恢复了生机,可这样的她我却从未见过。她嗥叫着前后翻滚,声音又高又响,好像狼嚎。一个这么美丽的小人儿怎么能制造出对人类的耳朵来说这么恐怖的声音?这是旅途中的第一次,我害怕了。而在刹那之间,这种恐惧令我浑身无力。我认不出我的妻子。

生命中最为可怕的事情总是不知不觉地来临。平常的一天突然变了模样,你虽然多有耳闻,却从未经历。我认识丧偶之人,也认识几个不得不眼看着患了癌症的妻子一天天枯萎凋零的男子。我认识去世的登山向导和他们的客户。我认识一些人,他们的所爱死于车祸,身体被车轮碾过。我见过他们的悲痛,也见过他们是如何被悲痛包围。可像那样的事情没有发生在我身上。当然,也没有发生在妮可身上。

离开餐厅去洗澡时她还没事儿。她没说过哪里疼,也没说过不舒服。她只是微笑着说要先去洗澡,也许是因为有点疲劳。没有任何事情能敲响警钟。可现在怎么会这样？这么快？我回到我们的帐篷，发现妮可躺在地上一动不动，还以为她死了。没过多久，她又吐出一连串貌似话语的声音，只是沙哑的愤恨。她流着汗，旋转着。她对自己失去了控制。

当时我不知道究竟发生了什么。她的体温高到了顶点。事实上她的身体已经沸腾了。她拼尽全力想把它打败，但损害已然造成。一个星期，或者两个星期之前，它从轻轻的一咬开始。在那个午夜，蚊子偷走了一点香甜的饮品，那短暂的一刻爆发成眼下的局面。

我开始尖叫。有人从餐厅跑了过来。那位老板帮我将妮可从地面抱到了床上。她必须去医院。我们都知道这一点。虽然已经神智错乱，妮可仍抗拒这个念头。她坚持不肯去，像一个五岁孩子那样乱发脾气，甩着手腕，满嘴咒骂。她害怕打针。不管她的情绪是否真的稳定，我都不能责备她。

在瑞士，我们有可靠感和安全感。没错，我们也许并不十分清楚这一针是什么，那片药又是什么，或者它能怎样帮助我们，但我们至少可以相信，那些穿着白大褂，拿着蜘蛛爬处方的男人知道他们在做些什么。在瑞士，墙上钉着的红木框里装着各种各样的规章制度。而在这里，只有一个几乎不会讲英语的男人，看上去已经三天没睡过觉了。在这里，是的，他可以让事情变好，但他也有可能让事情变得坏上许多许多。

然而，在那个时候，我看不到我们有什么其他选择。我们把妮可塞进车里。首都塔那那利佛有五十英里远，在最好的条件下，开四驱车也要走上三个小时。那是一条肮脏而崎岖的路，几乎没有铺设路面。而那天晚上还下着很大的雨。我们在路上东躲西滑，妮可则始终都在摇晃和颤抖。我忍不住以为她疯了，而且永远不会恢复。人怎么可能从那样的状态中恢复过来呢？

我试图压住她的胳膊，让她别再击打车身。我想，要是她能好转，我当然会很高兴。可是，若她就这样不能好转，甚至变得更糟，就没办法活下去了。

我们最终把她带到了医院。尽管城里有那么几家医院，但只有一家肯接收她——一家美国部队医院——不管怎样，这似乎还是最好的一家医院。人们挤在妮可身边盯着她，就好像她身上罩着一个显微镜。医生、护士、实习生、麻醉师。我们都挤在医院的一个房间里。房间被刷成了白色，里面有一张单人滚床和医疗设备，看上去像是从二十世纪八十年代流传下来的。

医务人员抓住她的双臂，将两只手腕绑在一起，然后给她的双手戴上连指手套，以防她伤害自己或他人。妮可十分恐慌。不过，我想对她来说，也可能只是一团灰雾，她无法确切地说出到底发生了什么或者她认为正在发生什么。做了一个又一个的检查。导管插进又拔出她的身体，对她的身体系统进行着有规律的注射。她成了不情愿的小白鼠。那天的一大半时间，我们都在不确定状态中度过。不过妮可一直是个斗士。我这样安慰自己。如果要用什么词来描述我的妻子，那就是坚定。她意志坚强，坚韧不拔。她会和任何人、任何事一起跳进战壕。

医院没有做出答复。我们在那里过了一夜，妮可恢复了镇静和一点点自信。于是，在被告知这只是一段插曲后，我们离开了。他们说，是躁狂型高烧在胡作非为。

"休息休息，她就会有所好转。"他们这样承诺。因为我们愿意相信他们，就照做了。可是，妮可没有好转。没过多久我们就发现了这个问题。她的想法不对。她会说话，会把所有想法综合在一起，但是它们没有任何意义。她说话的样子就像个疯子。而且她极度焦虑，对所有事情都焦虑。

我们和在那儿遇到的一个朋友一起待了几天。安塔，一个人道主义组织在马达加斯加的代表。她尽可能地把妮可安排得很舒适。她在起居室里搭了一张临时床铺，摆在茶几和木制花瓶中间。她把毯子堆在一起，晚上妮可会在忽冷忽热之间挣扎，时常需要用到。痉挛之后，人的意识处于戏剧性的缩减状态，反射比较敏感。没有什么镇静可言，只有混乱而直接的感觉。

妮可试图入睡，我则整晚都坐在她身边。她的痉挛和晕厥持续了三个多小时，最后终于减弱了。现在剩下的是一个萎靡脆弱的妻子。它们让她筋疲力尽。她身上糊着一层汗，看上去明显脱水了。安塔频繁进入房间，她纤瘦的身体俯在妮可上方，仿佛一只保护心切的蜂鸟。我知道，她认为我们应该去医院。但她尊重我们的想法，并竭尽所能地帮助我们，让情况不那么难以忍受。

妮可要苏醒了。当她在两次痉挛之间暂获解放时，她就会释放她的担忧。这究竟有多严重？我能熬过今晚吗？我会痊愈吗？这样的发作还会发生吗？经常发生？我到底怎么了？

几天后，我带她去检查头部。医生肯定漏掉了什么东西——让她的生活变得如此不稳定的东西。

检查结果出来了：大脑在昏迷后缺乏紧实度。医生说，最为可能的诊断是脑型疟。很明显，妮可之前发生过的那种痉挛仍会继续。很多年。它们会逐渐地消失。但不会太快。

我们坐回椅子里。脑型疟。我一遍遍地在脑子里重复着这个词,试图完全理解这一诊断。仿佛有人重重打了我一拳。真的有点让人发疯。出了这种事,怎么还能继续前进?怎么才能真正恢复?有人恢复过吗?这时,仿佛是在对我做出回答一样,妮可虽然没有看我,但却把手放进了我的手里。不是出于担心,也不是出于害怕,我可以分辨出来。而是出于力量。好像她是在用手掌那坚定的紧握告诉我,就算感染了不明物体,我们仍能与之斗争。

第十九章

痉挛

> 尽管世界充满苦难,但战胜苦难的例子也比比皆是。
>
> ——海伦·凯勒

在我们所选择的这种生活里,死亡并不罕见。一旦踏出家门,就始终危机四伏。无论你以为自己准备得有多充分,无论后面跟着多少人马,无论你拥有多少种技术。有些时候就是没办法预防——就算有,也远远不够。

在动身之前,妮可和我都知道,肯定会发生什么不好的事情。或者说得吉利点,也许会发生。但胜算没握在我们手里。暂时忘掉身体要素——忘掉这两万五千英里给关节和肌肉造成的磨损；忘掉这一天又一天、一英里又一英里的坚持不懈对身体的损伤，它耗掉的不光是身体的热情，还有身体的能力。忘掉干涸沙漠里漫长而又孤独的那些旅程、没有床的那些夜晚、没人交流的那些岁月，会如何让你的头脑失去平静、安宁和坚定。在这种旅途里，还有其他一些东西能将你打倒。有人的因素。战争、饥荒和贫穷。疾病。抢劫、毁谤和威胁。

如果每一次机会来临时，你关注的都是它会怎样失败，那你不如干脆什么都不做。哎哟！世上到处都是地雷！可是，那也是你必须暂停的原因。保持敏锐的视觉。没错，当你上了路，越过你的舒适区开始冒险，就一定会有危险。你不知道什么将会迎接你，并且玷污你的希望。也许没有。也许全部。那是一幅脆弱的风景。但是在那里面，你忍受的不光是失去一切，还有获得一切。

没有人比那个跑步的男人更懂得这一点。在人们口中，他有很多名字。卡巴洛·布兰可。白马。弥迦·特鲁。但不管你怎么叫他，迈克尔·兰德尔·希克曼——一个天性非凡而神秘的纯粹长跑者——明白什么是真正地活在当下，去冒险，并不可避免地失去一切。

他失踪的方式甚是古怪。在某种程度上，人们一直暗暗认为他会因为一时失足，戏剧性地在陡峭而危险的墨西哥库伯峡谷①告别人世。无论你曾在那些山峰上奔跑过多少次，无论你的双脚是否已学会适应那变化多端的地形，它将永远出乎你的意料。在那种地形中，失败远远易于成功。

卡巴洛·布兰可在墨西哥内陆上演着惊险刺激的人生。对他而言，信念与快乐要比盗匪、毒枭和致命的悬崖更为重要。他爱跑步。他相信跑步可以改变他的人生，而事实的确如此。他在传奇的塔拉乌马拉印第安人②中间快乐而自由地生活着，沉浸于库伯峡谷之中。这样一种遁世的生活让他备感轻松。

一九九三年，他在莱德维尔一百英里越野跑③中初次与塔拉乌马拉人相遇。这一越野赛距离长达一百英里，在科罗拉多州的落基山脉中举行，海拔从九千二百英尺逐渐升至一万两千六百英尺。通过这样的比赛，你学会了尊敬大地。数百名参赛者本以为自己拥有无穷的耐力，却都受到了考验，并最终对之屈服。塔拉乌马拉人参加了比赛，而身材瘦长、形象过人的迈克尔·兰德尔·希克曼，也就是后来声名远播的卡巴洛·布兰可，主动在后一半赛程中与他们并肩前行。

原来，卡巴洛和我一样，也曾是一名职业拳击手。多年的训练令他身体强健，非常适合这里险峻的地形。跑步不仅治愈了他的身体，也治愈了他曾经伤痛欲绝的心灵。他在科

---

① Copper Canyons，位于墨西哥奇瓦瓦州西南部，是由六个特色鲜明、各有不同的峡谷组成的一个峡谷群。
② Tarahumara Indians，墨西哥北部土著民族。
③ The Leadville Trail 100 Run，通常缩写为LT100，又称The Race Across The Sky，在科罗拉多州的莱德维尔举行。

罗拉多的越野路上一英里又一英里地游荡，试图寻找一个答案，给心灵带来救赎与宁静。

那天晚上，在与传奇的塔拉乌马拉人一起奔跑之时，他感觉到了极大的释放。他意识到，他们的奔跑具有一种智慧。这智慧蕴于他们的步伐、他们的优雅和他们的孤独。于是，为了寻求真相，他决定随他们而去。

他将名字改成了弥迦·特鲁，之后，为了让孩子们高兴，他又改成了卡巴洛·布兰可。他洋溢着欢乐，飞快地从他们的村庄中奔跑而过，掀起笑声和喜悦。

他常说，塔拉乌马拉人有一个秘密。一个关于运动的秘密。作为人类，一旦忙碌起来，我们就会忘掉我们本来是种运动的生物。如果总是坐在那儿一动不动，我们就会像笼子里的动物那样开始备受煎熬。换句话说，正如作家克里斯·麦克杜格尔[①]所言，"特拉乌马拉人并不比我们聪明。他们只是记忆力要好一些。"就这样，为了记住那些正确的事情，他在他们中间生活了将近二十年。

卡巴洛的失踪并非全无预兆。他经常会匆匆离开，只为纯粹的快乐而去某些被人遗忘之处开辟道路，一走就是几天或几周。他不告诉任何人自己什么时候会离开，什么时候又会回来，所以他的出现总会成为惊喜，一种期待之外的快乐。

[①] Chris McDougall，出生于一九六二年，美国作家、记者，代表作为畅销书《天生就会跑》（*Born to Run*）。

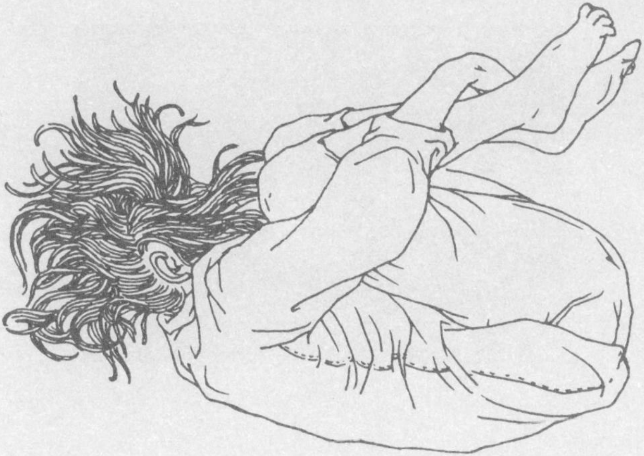

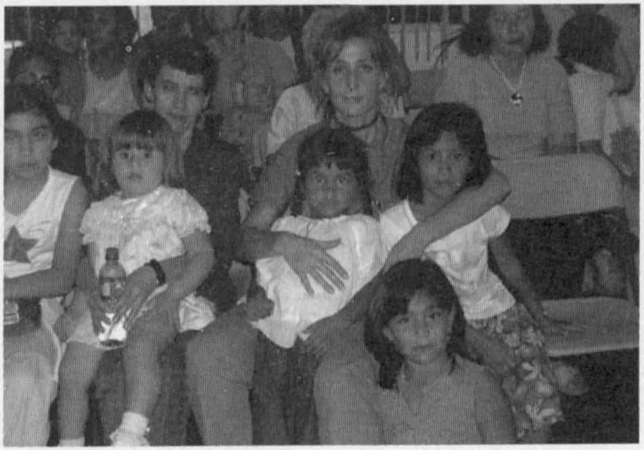

然而这一次的特殊之处在于，有人在期待他。他当时是在新墨西哥州的基拉，把狗留给了一个朋友，说自己中午之前就会回来。然后，他不过走了三英里路，进入了一家自然公园。这家公园远比不上他时常涉足的那些地方凶险。之后，他便不见了。就是那样。

卡巴洛失踪的消息迅速传到了他的朋友和仰慕者中间。斯科特·杰瑞克[1]、凯尔·斯卡格斯[2]、克里斯·麦克杜格尔，还有彼得·萨斯加德[3]，全都涌到了新墨西哥，不顾一切地想找到这个他们不愿永远失去的朋友。多支搜救队带着卡巴洛鞋底的照片被派了出去。有一百余人参与了搜索——利用直升机、马匹、猎犬队，甚至卡巴洛的个人跑步俱乐部。

最终，在位于基拉悬崖民居遗址[4]东南一英里处的一个荒芜峡谷里找到了他的尸体。他躺在一条冰冷的小溪旁，双腿半浸在溪水里，身边放着一个装得半满的水瓶，看上去一派平静。如果他必须要走，那么这里是个完美的地点。他甚至是被一匹名叫龙舌兰的白马驮出峡谷的。

在某种程度上，对很多人来说，卡巴洛都像一个神话。他可以忍受并克服任何事情，他永远不会踩上那遍地的地雷。因此，他神秘而平静的死亡令人困惑不已。它提醒我们，危险是真实的。而我猜卡巴洛会认为这很值得。

---

[1] Scott Jurek，出生于一九七二年，美国超长跑运动员，曾多次赢得这一运动领域的著名赛事，如美国西部一百英里超长跑比赛等。
[2] Kyle Scaggs，常见写法为 Kyle Skaggs，出生于一九八三年，美国著名超长跑运动员，曾赢得多次赛事，现已放弃运动生涯。
[3] Peter Sarsgaard，出生于一九七一年，美国电影演员、戏剧演员，代表作为《欲盖弥彰》。
[4] Gila Cliff Dwellings，位于美国新墨西哥州西南部的基拉自然保护区内，是一个国家历史保护区，由罗斯福总统于一九〇七年设立。

我看向时钟。已经两个小时了。这让我开始担心。我们是在澳大利亚的墨尔本。住在酒店里想休整几天。而妮可决定去超市买点吃的。

"我很快就回来。"她说,"别担心。"不过,这话其实很傻。她知道,我也知道,它随时都有可能发生。

我们在马达加斯加看的第一个医生说得对。我们什么都做不了。年复一年,妮可会逐渐恢复,每次好上一点点。但是这将非常缓慢。慢得让人痛苦。他许诺说,痉挛最终会变得短暂一些,舒展一些,在很久之后的某一天,它也许会彻底消失。然而,这只是最为理想的剧情。我们必须面对现实。

我们试过几种不同的治疗方法,但一个都不管用。这可能是因为妮可一个都不喜欢。她很固执。

"该是什么就是什么吧。"她会说。要是我逼她,她就还击我:"我很强壮。我会战胜它的。闭上嘴。继续往前走吧。"可几个小时之后,或者第二天,或者随便什么时候,另一次痉挛悄然来袭,她便又会躺在那里满地打滚。

危险对我们而言不仅是真实的,而且就在眼前。

我又看了一眼时钟。现在已经两个半小时了。肯定发生了什么事。而我猜得到究竟是什么事。我拦下一辆出租车,径直赶往最近的医院。我冲进急诊的前门。前台坐着一个面色苍白的漂亮女人,正用她那红色的手指噼噼啪啪地敲着键盘。

"对不起,打扰一下,"我说,"请问刚刚有个名叫妮可·洛特里的女人被送进来吗?"

那个女人抬头看我一眼,然后低下头去继续敲打键盘。

"哎呀!对,有一个。大概半小时之前。"

后来得知,妮可的确去了超市。但是,在巧克力和意大利面中间的某个地方,她的痉挛发作了。人们围住她,但不知该怎么做,也不知她从哪儿来,于是便把她直接送到了医院。

要是每次发作我都能预先知道就好了。

有时,妮可在路上突然感觉不妙,她会用已经开始抽搐的双手把车骑到路边。接着,她会在路边躺下来。我则拿出睡袋,为她营造一个舒服一点儿的地方。恰好在这个时候,她会开始摇晃、尖叫。过程通常会持续十到四十分钟。而与此同时,我只能束手无策地坐在一旁。之后,当痉挛消退,她会花十秒钟的时间站起来说:"我很好。我们可以继续走了。"她说话的样子就好像什么都没有发生。我们会沿着公路继续跑下去。几个小时之后,或者随便什么时候,当下一波痉挛发作之时,我们再把这一切重新来上一遍。

你可以想象，我们在所到之处引起了极大的轰动。它还没有发生，我们就已经显得相当乍眼。我的意思是说，一个穿着短裤跑步的家伙，身边有个骑着摩托拉拖车的女人。我们无疑是奇怪的一对。可是，等痉挛开始之后，我们就引来了更多的人群。当妮可在大街上开始发抖，立刻会有上百人围上我们。至于在印度，还是别提了。每个人都会来贡献他自己的建议。

人们总是会建议我们回家。他们认为，在这样的状态下我们还坚持往前跑，实在是太荒谬了。但妮可不想回家。她想坚持跑完。

"我在这儿是这样，在那儿也是这样，"她会说，"又有什么不同呢？"

我不得不同意她说得对。

在尼泊尔，最糟糕的情况发生了。当时痉挛已经开始了一年。但在加德满都，它们突然像汹涌的海浪般袭来。

自从在马达加斯加发作的第一晚之后，我从没见过它们如此凶险。当时，有一个做山地向导的朋友正和我在一起。

他到那儿去是要带着几个顾客爬山。当他见到妮可时，简直无法相信她的身体状况。

"你必须回家，"他说，"至少你得让她接受专家检查，看看是否有什么办法。"

我同意了,但说服妮可则完全是另外一回事。某一部分的她深深认为,一旦她坐上飞机,可能就再也回不来了。可是她的健康状况这么糟糕,我们必须这样做。

然而,由于政治动乱,尼泊尔宣布进入戒严状态,前往欧洲的航班极少而且一票难求。最后,一对已经订好机票的夫妇好心地让给了我们,数日之后,我们返回了瑞士。

妮可在西恩的医院里住了十天,其间我一直睡在她床边的地板上。她感觉非常脆弱而渺小。我俩的家人全都围在她身边,试图给她支持。可我分辨得出,她对回家颇感受伤。没错,她希望回到家人和朋友身边,但不希望是以这样的状态。

医生做了一个又一个的检查,扫描了她身体的所有部位。疟疾显然对她的身体造成了巨大的影响。她缺铁,缺维生素。她贫血。危机似乎在争先恐后地爆发。但哪个都没大到无法应付。她的所有重要器官都很稳定。医生百般焦急烦恼,最后得出了同样的结论:我们什么都做不了。时间是最好的良药。

妮可的母亲站在床头,轻抚着她的头发。

"亲爱的女儿,"她说,"我希望你能再次上路,因为那是你全部的生命。我不希望它因为任何事情而改变。"

不知何故，母亲话语的治疗效果奇迹般地超越了药物。几天之后，我们得以重返尼泊尔。虽然痉挛仍时而发作，但妮可的整体健康状况却在渐入佳境。

一切都在好转！

第二十章

蟒蛇

有人与动物交谈，但却很少有人倾听。这就是问题所在。

————A.A.米尔恩[①]

在马达加斯加，妮可的脑型疟爆发后的最初几天，有一个晚上，一位农夫邀请我们在他的田里搭帐篷过夜。对我们来说非常幸运的是，他有一个动物园。马达加斯加有丰富的野生动物资源。就算你的想象力再大胆，也虚构不出这样一种爬行动物和两栖动物的疯狂配置。特别是这个农夫，他拥有大量的蜥蜴和鬣蜥，而后者是一种足有沙滩球[②]大小的庞大生物。

[①]A.A. Milne（1882—1956），全名为Alan Alexander Milne，英国著名剧作家、小说家、童话作家和诗人。代表作为儿童文学作品《小熊维尼》。

[②]beach ball，指在海滨、游泳池等处玩的大充气球。

妮可和我整个下午都在四处观看这些与众不同的动物，没过多久，那位农夫走向我们，注意到了我们的好奇。

"你们喜欢动物，对吗？"他问。

妮可和我激动地点着头，并再次感谢他允许我们参观他的财富。

"呃，要是你们喜欢这个，"他说，"我还有一条大蟒蛇，或许你们也想看看。要是你们愿意，我可以把它带过来，你可以把它放到胳膊上，让你太太拍张照。你们觉得怎么样？"

当然，我怎么拒绝得了呢？

农夫绕到房子后面，妮可和我耐心地等着。不过，我对蛇类一无所知，最终证明，这非常不幸。

他终于把蟒蛇带过来了。蟒蛇缠绕在他的胳膊上，体型非常巨大。它有将近六英尺半长，足足三十磅重。我从没想过蟒蛇居然会有这么重。这是第一次有蟒蛇爬上我的胳膊。

农夫刚一把蟒蛇交给我，它便立刻开始迅速地盘上我的右臂。大约三十秒钟之后，它开始勒我。由于对蟒蛇了解太少，我不知该怎么办，开始恐慌起来。压力越来越大，就在这时，我犯了一个巨大的错误。

蟒蛇的身子缠在我的右臂上，头和脖子则放在我的左手里。当我开始恐慌之时，我下意识地攥紧了左手。蟒蛇自然不会对此一笑了之,它立刻防卫地朝我的脸袭来,牙齿咬上了我的眼睑,顿时刺出两个小洞。与此同时,它的尾巴抽向我的脸颊。血蹿了出来。妮可吓得掀翻三脚架,朝我跑了过来。而农夫也从另一个方向跑向我。

血过了很久才止住。不过最终一切都没什么问题。没有中毒,只有一个黑眼圈,以及关于蟒蛇的一个很好的教训。

我看向妮可,笑了起来。

"这是我的最后一场拳击比赛,"我说,"我输了。"

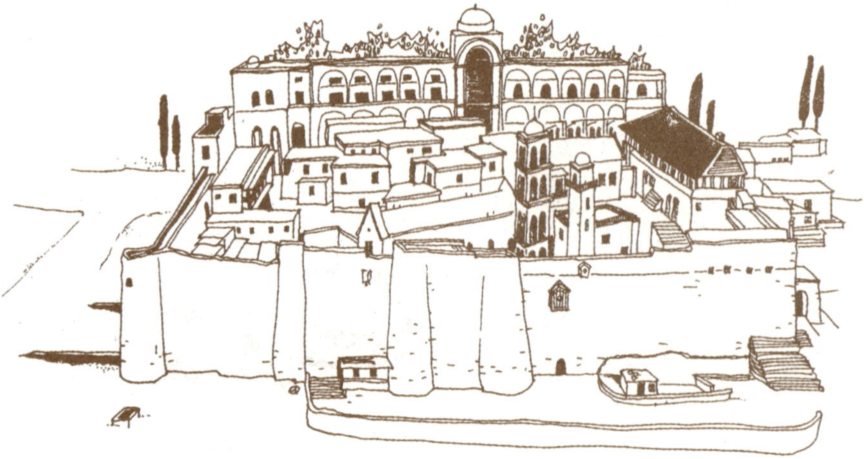

第二十一章

圣地

"让沙漠变得美丽的,"小王子说,"是里面藏着一眼泉水。"

——安东尼·圣埃克苏佩里

著名法国设计师可可·香奈儿曾经说过,女人在出门之前,应该停下来照照镜子,选择身上的一件首饰摘下来。原则是真实而不繁复,亦即简单。

我们生活在一个没有节制的时代。有那么多的东西吸引我们,占据我们,有那么多的东西想去拥有。在这样的一个世界里,我们需要能让自己回归本质的地方,它们有如北极星,指引我们正确的方向。

没有什么地方比沙漠更为简单，更为真实。它既危险，又快乐，而关于这两者，它同样诚实并坦率。

西奈半岛①呈三角形状。它向外突出，北面是地中海，南面是红海。整个埃及仅有这个部分位于亚洲而不是非洲，因此，它成了两个大洲之间的桥梁。

我们踏进西奈沙漠之时，目力所及之处，尽是无边无际的灰色沙尘。时间已经是二〇〇一年的十月，但热浪仍滚滚袭来。大多数人去西奈的目的地都是海边。他们在那清澈而冰爽的海水里游泳，可是却错过了这片广阔。摩西和希伯来人曾在这片沙漠里漫游了四十年，寻找那个应许之地②。

西奈既是两个大洲的汇聚点，又是两个海洋彼此分离的地方。岛上山峦起伏，干旱贫瘠。最为可怕的一点是，白天它的热浪势不可挡，夜晚却变得寒彻骨髓。

有很少的一些人在沙漠里生活。除了海滨的城市之外，西奈半岛上还有一个依靠棕榈树和椰枣树生存的贝都因③部落，循水源而群居。贝都因人神秘而诱惑，号称沙漠之神。他们还饲养绵羊、黑山羊和单峰骆驼。冬季，他们招待游客，或者去远处种植蔬菜、橘子和椰枣。油田和公路建设同样也能提供一些工作机会。孩子们会上两三年学，然后就从售卖珠宝开始给父母帮忙。在此期间，女人们则负责照料畜群。

---

①The Sinai Peninsula，埃及东北部半岛。
②The Promised Land，希伯来圣经《塔纳赫》中记载，上帝许诺送给雅各的后裔以色列人一块土地，即应许之地。
③Bedouin，一个以氏族部落为基本单位在沙漠旷野过游牧生活的阿拉伯民族。

只是，这些人数量稀少，并且彼此相距甚远。与印度和孟加拉不同，在这儿的沙漠里，没有声音，没有车辆。我听到的唯一响动是我的呼吸与妮可摩托的轰鸣。在西奈，万籁俱寂。每一天跑过的路都与前一天毫无差异。那种感觉很奇怪，你不知自己要跑向何处，眼前没有路标，只有不断在沙漠里后退的地平线。想象一下，在一间白色屋子里站上一整天，第二天又在同样一间屋子里醒来，继续盯着它。然后一个礼拜又一个礼拜地重复同样的事情。你就会开始不知所措，不知自己身在何处，浑然忘却时日的消逝。如果你能想象这个，就能想象沙漠的冰山一角了。

对于妮可来说，在那儿骑车很容易，这是一个加分项。没有东西挡路，没有事故，也没有堵车。可对我来说，那里的高温令跑步显得格外费力。我整天都在不停地喝可口可乐。温度计里的水银升到了三位数。我的喉咙沙哑，大脑沸腾。每迈出一步，我都梦想着森林、树冠、河流、海洋、湖泊、山谷，以及花圃。

摩西和他的人民会有怎样的感觉？

在沙漠里，你寻找着最为微小的变化。只有景色的变幻才能让你知道自己并没有发疯，知道尽管自己非常担心，但确实是在前进。即便只是一丁点儿的细节。比如沙粒颜色的些微不同。或者一块莫名其妙的岩石。可是事实上，那里没有一丝生命的迹象。偶尔会有几根细枝痛苦地挣扎生长，可太阳的暴晒迅速抽干了它们的生命。

长路漫漫，尽是让人灰心丧气的荒芜。然而不久，就在你觉得自己快要坚持不住的时候，眼前出现了一幕壮丽的景象：日落。

妮可和我总是能在沙漠里的某处找到一个类似避难所的地方，特别是当我们来到山区的时候：西奈山[①]和凯瑟琳山[②]。与沙漠的其他地方不一样，高山绝不会单调和雷同。

那里的第一个晚上，在营地里，我点起了烟斗。太阳从山顶滑落，从起先的亮粉色渐渐变成黄色、红色。薄暮缓缓地探出了头。在那样的时刻，寂静不会令我烦忧，反而滋养着我。我想知道，这是否就是人们在宗教中找到的东西？凭空出现的一块绿洲，在荒野之中给人以美和安慰。

那天是我女儿克莱拉的十六岁生日。我为她许了个愿，并且再次想起了那句话：我们必须为梦想付出代价。我深深地思念我的孩子们。

虽然在这里跑步格外费力，但我仍爱着沙漠的历史与安静。

圣凯瑟琳修道院在谷底安居，海拔一千五百米（四千九百

[①] Mount Moses，又称摩西山。摩西在此山上接受十诫。

[②] Mount Catherine，埃及最高峰，与西奈山相邻，同位于南西奈省境内。

二十一英尺）。它坐落在西奈山脚下一个峡谷的谷口，是世界上最为古老并最为经久不衰的基督教修道院之一。据民间传说，亚历山大港的凯瑟琳是一位基督教殉教者。她起初被判用车轮碾死，但是却没有奏效，最终被砍头致死。传说中，天使将她的遗骨带到了西奈山。公元八〇〇年前后，修士们发现了她的遗骸。虽然修道院以圣凯瑟琳之名而广为人知，但事实上，它的全称是"西奈上帝践履山神圣至高修道院"（The Sacred and Imperial Monastery of the God-Trodden Mount of Sinai）。

而西奈山本身，唔嘀！太令人震惊了！有两条路可以抵达山顶。其中一条相对较长，或许也相对容易，叫作骆驼道（The Siket El Bashait），步行需大约两个半小时。另外一条则相对陡峭，称为忏悔者之路（The Siket Sayidna Musa），共有三千七百五十级"赎罪台阶"（steps of penitence），是由修士们在岩石上刻凿而成，可以直达山顶。

山顶有一座清真寺，至今仍被穆斯林使用。还有一座希腊东正教教堂，建在一座十六世纪教堂的废墟之上。你不能冒险进入这个区域。据说，摩西就是在那里接受了刻有十诫的石碑。

我艰难地爬上那三千七百五十级台阶，在山顶观看了日落。是的，的确，那是一个圣地。

即将完成穿越西奈之旅时——在一万两千零六十五公里（七千四百九十七英里）处，我们拐弯拐错了。在沙漠里，这种错误会让你付出高昂的代价，但对我们来说，这是一件幸事。我们遇到了玛丽·玛格达莱尼[①]，住在山谷里崎岖小径上的一位修女。她身穿一件黑色的长袍，头上裹着一块白布。她重重地靠在拐杖上，暴露了她的年龄。

玛丽·玛格达莱尼已经独自一人在沙漠里隐居了十七年。靠着自己的双手，她用当地的花岗岩砌出了她小小的教堂，还有她的房子。

"有时的确会寂寞。"她不情愿地说，似乎这种孤独不应该出现在人的身上。她满脑子都是来自沙漠的窃窃私语，关于贝都因人的故事，关于死亡与浪漫的故事。她双眼闪亮，目光跃动；我不知道这么多年来她是否曾这么快乐过。

每个月她会去两次圣凯瑟琳村，买些生活必需品。我们就是在那里的路上遇到她的。我给她的袋子装进了足够吃上一个月的食物，然后问她是否可以帮她拿着。

她惊讶地停下脚步，大为感动。在十七年的时间里，在这样一个圣地，这是第一次有人这么对她。

[①] 原文为Mary Magdalene，与抹大拉的玛利亚相同，但从上下文看应译为现代人名。

第二十二章

笼中之鸟

笼中之鸟在恐惧中颤抖；它鸣唱着未知，却渴望停下歌喉；遥远的山丘，有人听到它的心曲；因为笼中之鸟歌唱的是自由。

——玛雅·安杰洛

在环球之旅开始之前，我与我们的慈善基金会碰面，计划拜访世界各地的孤儿院、医院及监狱里的儿童开展工作的一些人道主义组织。妮可和我都希望能把一些真正有效的时间花在我们试图帮助的那些人身上。不幸的是，环球之旅刚进行到一半，那家慈善基金会就退出了。给我们的只剩下最后一站：一座监禁了若干青少年的黎巴嫩监狱。

这是一次没那么容易实现的探访。我不想只是去那儿拍张照，说我来过了。我想和那里的孩子们分享一段高质量的时光，真正去了解他们。我们花了几个月的时间去筹备，最终却只被批准与几个青少年囚犯共度几个小时的时间。监狱坐落在山顶上，很像好莱坞电影里的场景。深色的老旧建筑，隐匿在黑暗之中。它在山顶若隐若现，恐怖而险恶。我们刚走进去，三扇金属大门便在身后咣当一声，将我们隆重地锁在了里面。

这个地方过度拥挤。都不用去问，我就敢这么说。事实上，它容纳的人数是规定容量的三倍。青少年、成年人和老人被塞进了这个阴沉之地的每一条缝隙里，简直就像硬填在纸板箱里的花生米。

大部分时间，我们都在和那些青少年一起做运动，而且，我让他们赢。我觉得那很重要。人们整天都在对这些孩子说他们不好，他们当不上成功者。他们搞砸了一切，已经无可救药。但是，他们需要知道他们还是有某些潜能的。对于任何人来说，只有这样，他们才有机会再次变好。

尽管我曾希望能与其中一个孩子建立良好关系，但说实话，我并没抱太大期望。时间太短了，而大多数孩子都已磨炼得刀枪不入，难以攻破。可是，正午刚过，一个名叫纳迪姆的少年就来到我身旁。他体格结实，有着深橄榄色的皮肤和棕色的鬈发。他只有十四岁,但却非常好强。我能看出他想和我聊聊,分享他的故事,可是不太知道该怎么做。

我耐心地等待着。通常我会说得很多,但这一次我知道,我最好只是倾听。

"你知道我为什么在这儿吗?"他终于问道。

当然,因为完全不了解他,我说:"不知道。"

"我杀了我爸爸。"他铿锵有力地说道,不带一丝犹豫,"而且我为此自豪。"

如果是在电影里听到这种话,那很好。那会很有戏剧效果。可是,当你亲耳听到这种话,而且偏偏是从一个孩子嘴里说出来,你就会极其地不安。

"你为什么要那样做?"我问。

他顿了一下,认真地沉思了一会儿。"因为我爸爸强奸了我姐姐。"

世界并非那么善恶分明,对吗?

然后,男孩起身离开了。但他的故事困扰着我。他是一个好男孩,还是一个坏男孩?他正确吗?公平吗?放到人类尊严的大背景下,又该怎么来看待这样的故事?

那一天结束的时候,还是那个男孩带给我一幅画,画上是笼中的一只鸟。

"我画这只笼中的鸟是因为,你是自由的,而我不是。很久很久我都不会自由。"

然后,他转过身去走开了,他甚至都没预料到他会给我造成那么大的影响。

和妮可一起离开监狱以后,第二天,我们去了那个男孩的家乡。我对那个男孩以及他的出身之处都非常好奇。那儿的人是怎么看的?那是一个穆斯林环境的小村庄。在那种文化里,当一个家庭成员做出了可耻之事——就像那个父亲做的——全家人都得从村子里搬走。他们被嘲笑,被排斥。但在那个男孩杀死他父亲之后——他自己的制裁——全家人又重新被接纳了,甚至挽回了声誉。

我和全村的人都聊了聊。那个男孩是个英雄。

妮可和我抓着那张笼中之鸟的画,将它和我们的其他宝贵财产放在一起,心情沉重地离开了。

一次强暴,一起谋杀,一个囚犯。对我们而言,这是三个悲剧。

第二十三章

印度

> 旅行时要记住，异国他乡并非旨在让你舒适。它的目的是让它自己的人民舒适。
>
> ——克里夫顿·费迪曼[1]

  涌现在脑海中的第一个词是："太多了"。什么都太多了。人。颜色。噪音。车辆。建筑。贫穷。一切都向地平线延伸而去，然后不知何故，竟然仍没有尽头，仿佛直至永恒。

  穿越国境进入一个新的国家之前，对于将要面临的一切，妮可和我总会从身体上到心理上都做好准备。关于我们的旅程，如果有一件事是肯定的，那便是我们不能像对待其他任何国家那样去对待印度。抵达那里的第一分钟，我们的脉搏

---

[1] Clifton Fadiman（1904—1999），美国作家、书评家、编辑，著有《一生的读书计划》。

便开始狂飙。

印度居于南亚一隅，从地理面积上来说，是世界第七大国家，并因其超过十二亿的人口而位居世界第二人口大国。它以水为界：南边是印度洋，西南是阿拉伯海，东南是孟加拉湾。在陆地上则与巴基斯坦、中国、尼泊尔、不丹、缅甸（我们曾计划穿越该国，但边防人员虽然允许我们入境，却不许我们带摩托车），及孟加拉国接壤。

印度是一个充满矛盾的地方。美丽与脏乱和谐共处。三百多年来，它先后承受了英国的殖民统治与它自己改写历史的多次尝试，从而造就了今天你所见到的复杂与困惑，尤其是以前没来过的话。街道的一角是贵气四溢的豪华五星级酒店；另一角却是腐臭破烂的贫民窟，几乎住在那儿的任何人都付不起买把茶壶的钱。

我们先到了孟买。当时是凌晨五点。虽然整座城市都在熟睡，我们却立刻被唤醒了。街道上，建筑前面，几百人就那样直接睡在地上。他们几乎全都赤裸着，像一串衣服那样一个个摞在一起。双层巴士驶过街道。灰尘在空中扬起。没有人注意到那儿的一团混乱。

当这座城市醒来之后，触目所及的只有颜色。那些女人们，我的天啊，她们太醒目了。她们那么高贵地四处走动着。大多数都穿着沙丽，那种传统印度服装。她们优雅，快乐，甚至威严。妮可被她们深深地迷住了。

那天晚上，我们在一个大广场上等着我们的摩托车过海关。那并不全是坏事。摩托车的种种问题总是放慢我们的速度，但它们同时也提醒我们，应该停下来多看看四周。人群在我们身边漫无目的地乱转。太阳落山了。我拿出我的烟斗——在路上的奢侈品之一——在这最为喧嚣的都市里享受着或许是片刻的安宁。几个孩子爬到了我的膝上。见到外国人，他们很开心。接着又有几个爬上来，很快就变成了一大群。他们全都是流浪儿。他们靠垃圾维生，整天都呼吸着污染的废气。那是他们唯一的选择。可是，那些孩子这么无忧无虑，就好像全然没有意识到生活的艰难。

一个长着顺滑黑发的漂亮小女孩在街上跟着妮可。她问妮可叫什么名字，并递给她一朵凋谢的花。于是，当然，我亲爱的妮可心都化掉了，她给那个小女孩买了一包糖。

等摩托车终于过了海关，我们可以开始跑步时，我们终于意识到了这个地方的拥挤。真正的印度就是一条接着一条的阻塞的干道。要在这么多马拉车、手推车里，在这么多朝着四面八方走动的人里挤出一条路来，实在不太容易。我在车辆与人流中间前突后进，而妮可遇到了更多的麻烦。人们不想让摩托车过去。

我们顺着连接孟买与新德里的那条公路前进。就像一支突然开始休假的军队。没有规则，只有推挤。还有一些施工中的工程，起不到丝毫帮助。妮可把这条路叫"死亡通道"。沿这条路跑步的第一天，有二十五人在一起交通事故中丧生，可没有任何人看上去为此不安，只是对其造成的耽搁备感挫败。空气质量糟糕透顶。每次呼吸都要吞进烟雾和废气。再加上疯狂的交通状况，这让跑步就像一次可笑的壮举。我真想知道，这儿的人怎么能够呼吸呢？

随着日益深入这个国家的腹地，我们愈发认识到这一事实：我们应对的是个充满矛盾的地方。我们从富裕来到脏乱，从狂喜来到苦痛。印度令人非常困扰，这主要是因为他们的世界与我们的世界之间有着一条巨大的鸿沟。该怎样在头脑里为这样的差异做出辩解呢？

想想这个：每天早上，同一个地点，同一个时间，好几百人做着相同的事情。他们零散地或整齐地排在人行道上，一起在空气中撅起屁股，毫不担心、毫不克制地在我们面前排泄出黄色的粪便。孩子们甚至直接坐在自己的粪便上。

或者想想这个：一个蓬头垢面、衣衫褴褛的男人坐在路边。他赤裸的双脚裂了一道道口子，手里拿着某种动物的内脏。

然后，眨眼之间，他就把它们塞进了嘴里，就像饿狼在吞食自己的猎物。

随着时日流逝，我们开始越来越感觉到印度不是一个自由的地方，相反，它是一个压制的地方。民众的好奇心被加强了。我们没有隐私，没门可关，没有禁止他人入内的空间。所有人都盯着我们，就好像我们是科研对象，而他们的任务是把我们放在显微镜下仔细观察。但他们不只是看，要是那样倒轻松了。他们还摸我们，尤其是妮可。一天晚上她对我说："我不再觉得自己是个女人；我已经成了一件粗俗的商品。"

可那就是印度的道路。车流、污染、鸣笛、事故、圣牛、上千的行人、摩托车、自行车、山羊、猴子、大象，还有骆驼。眼睛看着你，总是看着你。那是一场永无休止的"我比你猜"[①]游戏，一个没有羞耻或难堪可言的国家。

很难理解这样一种与我们明显不同的生活方式，但是当你身在他乡，便有责任试着去理解。

在城市里沿街散步的时候，我们注意到，印度的贫穷是没有止境的。看到这样的穷困实在让人愤怒。但是在路上，面对这么多人类的痛苦，你学会了换种方式引导自己。尽管有那么多的烦恼，但那些人对他们的日常生活似乎却感觉相对比较快乐。

[①] charade，看手势猜字谜游戏。

特蕾莎修女曾经说过："在西方，我们有种利益导向的趋势，总用结果来衡量一切事物。因此，我们便陷入了急于促成结果的状态。而在东方，尤其是在印度，我发现人们对随遇而安更为满足，他们更乐于在榕树下坐上半天，互相闲聊。我们西方人可能会说那是浪费时间。但那自有它的价值。和某人相处，互相倾听，不考虑时间，不期待结果，这教给了我们什么是爱。爱的成功源于爱的过程，而非爱的结果。"

妮可和我不得不认为，通过观察他人可以学到很多东西。不论我们与他们有多么不同，仍旧可以吸取一些智慧——这是给我们的人生一课。

那儿的人还很好奇。他们窥探着我们，就好像我们是个新玩具。摩托车？肯定也是从施瓦茨①买来的。

他们问了那么多问题。他们试图理解。有时候，我们在路边被拦下来，好像要开新闻发布会。人们想知道我们为什么在那儿，我们在干什么，我们要实现什么。让事情变得更加困难的是，只有百分之三的印度人讲英语，而在他们本国的语言里，有四千种左右的非正式方言。因此，他们提问，我们则用很多手势回答，我们的胳膊和头都动来动去，企图传达一些意义。不过，虽然这种关注有时令人难堪，但它同时也是一种解放。印度是第一个没人问我们为什么跑步的

176

①FAO Schwarz，纽约著名的玩具店。

国家。

那里也有几抹希望的色彩。所有的贫困与嘈杂之中,有着一些光彩夺目的东西。有一家人给了我们一些卢比,让我们可以找家酒店过夜。还有一个男人,虽然看上去不太富有,却为我们付了午餐钱。这种善意令人尴尬。我们觉得,本来应该是我们帮助他们,结果却是他们伸出了援手。

印度人民或许咄咄逼人,专横傲慢,但他们的善良也是均等的。

亨利·米修写道:"在印度,如果不祈祷,你就会迷失。"现在我能理解他的意思了。我们去的每一个地方,走过的每一英里路,都被传统所侵袭。人们祈祷,举行各种仪式。所有人都带着些许震惊看着我们。在东方,他们把我们所做的事情看作一场朝圣之旅,而在像印度这样一个地方,没有什么比朝圣更有价值。

绝大部分印度人都是印度教徒,而在印度教里,人身体的各部分有等级之分。头部比其他部分都要高贵,脚部则又脏又不健康,最为卑下。这就是为什么人们进房之前都要脱鞋,为什么躬身触碰长者双脚代表着敬畏。

这也正是为什么像泰姬陵这样一个地方会如此重要。因为那里有种精神上的敬畏。妮可和我去了那个遗址,那是一个超现实主义的场所，一座白色大理石筑成的陵墓破土而出，周围是绿草茵茵的长长园圃。它很优雅，也很动人。它实现了建造者的一切构想。

一六三一年，莫卧儿王朝最繁盛时期的皇帝沙贾汗，因第三任妻子幕塔芝·玛哈难产去世而凄凉心碎。这次难产生下来的古哈拉·本古姆是他们的第十四个孩子。一六三二年，为了纪念他的爱人，沙贾汗开始建造泰姬陵。由于本国没有建筑师可以设计这样一个工程，他召来了最为著名的波斯建筑师。随后，他杀死了这位建筑师的未婚妻，这样两人便可以分享同样深切的悲痛。用沙贾汗的话说，这就是泰姬陵：

若内疚者寻求庇护，
他将得到宽宥重获自由。
若有罪者前来此处，
过往罪孽全都将被冲走。
这宅邸的景象令人悲伤叹息，
日月的眼中都流下了泪滴。
这宏伟的建筑降临人世，
展示着造物主的光荣成绩。

我们离开泰姬陵后，事故发生了。在某种程度上，我觉得妮可和我一直都在期待着它发生。那里简直是太混乱了。人们焦躁不安，一个劲儿地往前冲，完全不担心被你的睫毛碰到。这种情况发生过很多次，只是最后终于靠得太近了。一辆轿车硬生生地超过一辆卡车，然后径直撞上了我。我感觉自己整个身体都在碎裂。我飞到了空中，又落在灼热的柏油路上，滑到了人行道对面。皮肤深度擦伤、淤青、肿胀，肘部轻微骨折。直到今天，那感觉仍记忆犹新。

然而，事故中最糟糕的并不是疼痛，而是人们的反应。卡车继续行驶，轿车也没有停，上面只有一个人"费心"地回头看了一眼。接着，几秒钟之后，我们身边就变成了一个蜂巢。人群密密麻麻地围了过来。可是他们并不想帮忙，只是指指点点，放声大笑。

妮可尽可能地挡住我，给我消毒伤口。然后我们俩都骑上摩托，加速离开，想在那个充满瞪大的眼睛和靠近的面孔的混乱国度中找一个仅存的安静之地。

三天后，我们回到当时的地点补上了行程。出于一点点疼痛和愤怒，我不能掩饰我们这段旅程的真相。如果说我们在印度学到了某样东西，那便是它是一个有弹性的地方。它不会轻易适应你的计划，但却可以把你的计划改动个上百万次。它是一个充满了困难和奇迹的地方，优柔寡断，犹豫不决，你要么学着屈服于它，要么就被它所屈服。

当人们现在问起我在印度跑步的事情时，我告诉他们，除非决心冒着一切风险——甚至是死在路上——除非是这样一个超级固执的人，否则，在印度跑步是不可能的。妮可和我极其幸运。尽管她会在人群中突然痉挛发作，尽管我被车撞了，但我们最终都幸存了下来。是对冒险的爱，对自然的爱，对彼此的爱，以及对孩子们，对那些身处极端贫困之人的爱帮助我们活了下来。

离开印度的时候，我们已经跑了一万四千五百三十八公里（九千零三十三英里），并且我们胸中有了新的决心和新的感激。

第二十四章

这块土地上唯一的绅士

感激是礼貌、庄重与善良的开端,有了这种认可,我们就不能变得自大傲慢。走在路上,我们应该知晓,每走一步我们都有可能需要帮助。

——戈登·兴格莱[①]

在喜忧参半之中,我们返回了南美洲。美洲挑战赛时,我们曾在这个地方待了那么久。第一站,我们又来到了圣地亚哥[②]。一九九四年,在前往乌斯怀亚的途中,我们曾在这座城市暂作停留。

圣地亚哥坐落在群山之中。它的东面是积雪压顶的安第斯山脉,西面则是一小簇沿海的山峰。如果天气晴朗,那里的风景会让人叹为观止。不过,圣地亚哥的大多数日子都不

[①] Gordon B. Hinckley(1910—2008),作家、宗教领袖,曾任耶稣基督后期圣徒教会的第十五届总会会长。

[②] Santiago,智利首都。

是晴天。它们被烟雾和噪音折磨着，光彩埋葬在了灰尘之中。

可是，谢天谢地，我们第二次抵达圣地亚哥的时候，是一个响晴的天气。这预示着前方将是一条美丽的路途。妮可坐在机场的一张椅子里，等着我们的行李。她的眼睛下面挂着眼袋，显然因为飞行、旅途，当然，还有道路，已经非常疲劳。但是在她对面，坐着一个长着一头有如金凤花般的漂亮金发的小女孩，她对疲惫视而不见，只看得见美丽。

"看，爸爸！"小女孩叫道，"那位女士画了眼睛，多漂亮呀。爸爸，看，她的眼睛和地球一个颜色！"

小女孩非常激动，晃晃悠悠地朝妮可走过来。她稍稍犹豫了一下，然后递给妮可一块巧克力。

就那样，妮可复活了。

在圣地亚哥，生命的火焰熊熊燃烧。每一件事都是奇观。每一件事都像那个小女孩一样光明而友好。就像在马戏团的大帐篷里，每一件事都是一场骚动。最为五彩缤纷的骚动。音乐从街角响起。人们在阅兵场翩翩起舞，优雅而充满活力。在这座城市里，现代与历史同心协力，最终达到了完美的顶峰。

我们只在智利待了两个星期，随后便前往阿根廷——这个关于风、探戈和牛排的国家。阿根廷纵穿南美洲大部，拥有与印度几乎相等的国土面积，却只有不到印度百分之四的

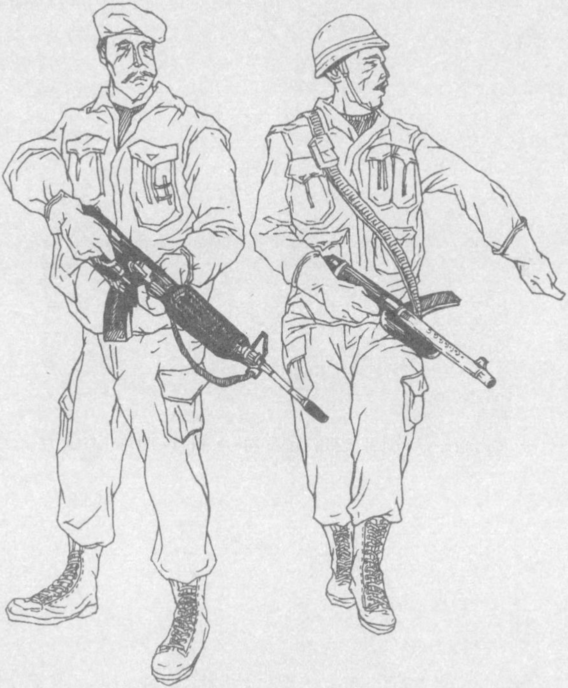

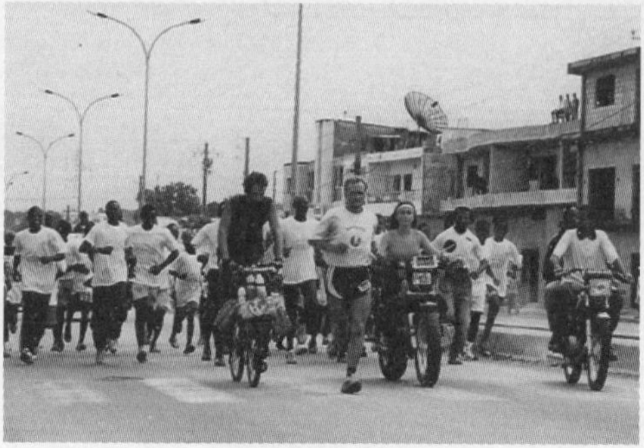

人口。

这个时候，晚上的天气已经变得很冷。既然负担得起，我们就想找家便宜的老酒店，至少能提供墙和屋顶。一个格外寒冷的晚上，正当我在山影笼罩下的一个村子找睡觉的地方时，妮可走近了一位老先生。他有着一张苍老的面孔，因多年的劳作而显得厌倦而疲惫。当时，他正在打扫街道，搅起来的除了尘埃，还有我们的好奇。

"这儿的人都很卑鄙。"他随意地说了一句，就好像是在对空气说话。

妮可看向他，故意刺激他。"你呢，你也卑鄙吗？"

他猛烈地摇着头，几绺稀疏的灰发扫过他的前额。

"当然不。我是这块土地上唯一的绅士。"

妮可大笑起来，递给他一顶帽子。这件礼物可以让他感觉舒服些。他的眼睛兴奋地亮了起来。他把帽子塞进腋下，像一件宝物那样藏了起来。他答应会在星期天戴上它，也就是主日[①]。

然后，他若有所思地望向她身后，这才发现她是怎么到这儿来的。

"你有一辆有趣的摩托车。"他看着我们的拖车说。

妮可试着解释那是我们的家，我们正在环球跑，但是她

[①]The Lord's Day，基督教将星期日视为主日，将进行集体礼拜。

的反应没能令那位老人满意。对他而言，我们所做的事情没有半点意义。他确信她的车子里运的是某种违禁品，或者是一台电视或收音机。他慢吞吞地走到拖车前，在里面东翻西找着，深深被它所吸引。

当他在那里逗留时，一个模样相当可爱的女孩从我们身边走过。

"你注意到她有多美了吗？"妮可问道，试图将他从摩托车旁赶开，转移到其他主题上。

可是那位狡猾的老人没有上钩。"你说什么？安第斯山脉吗？"

他抬头看向那片山峰，对它们微微地眨了眨眼。

不过，那位老人是对的——安第斯山脉虽然令人望而却步，却仍然十分美丽。毫无疑问，安第斯山脉的景色和它的子民同样令人着迷。

三天后，当我们离开城市，跑进那些山峰之中时，妮可和我将会亲身领会这一点。那段旅程艰难得没有道理，但是若想继续前行，我们必须把它完成。爬上山脉的顶峰是一个非同寻常的壮举，而爬下来的过程也并没有丝毫轻松——特别是对跑步者而言。我的膝盖又酸又软，承受了前所未有的压力。

终于爬上山麓、抵达垭口的那一刻，我们已经筋疲力尽，但却感觉精神焕发。阿根廷的山很有性格。虽然陡峭，却又自负、骄傲而专横。在它们中间，妮可和我感觉有如回家般轻松自在。它们的力量中有种东西，让我们想起了阿尔卑斯山脉。

然而，这种愉快在峰顶停止了。正当我们以为就要开始下山时，一个声音朝我们喊道："站住！你们不能过去！"

不知打哪儿突然冒出来一个军事据点。几个卫兵看着我们，双手抱胸，好奇却又吃惊地看着我们的拖车和摩托。我们知道我们惹麻烦了。我们已经走了这么远，此刻却只能完全任由他们摆布。要是他们不让我们过去，我们就只能原路下山，然后找条路绕过去。我试图尽可能客气地解释我们的情况，可是他们并不想让步。他们说，这条路不是用来跑步的。我们必须回头。

那位老人终究还是对的。阿根廷人的血管里的确流着一丝卑鄙的血！

妮可愤怒地挪到路边，但我不愿意放弃。我们这一路还没回过头，我当然不想从那个时候开始。

"你们看，"我说，"如果不让我们过去，必须给我一份书面文件，因为我们得给我国总统提交一份报告。这真是影响阿根廷的公众形象，因为这是四年来第一个阻止我们按计划前进的国家。"

当然，我是在吓唬他们，但我必须祈祷这话能够生效。我们不能重头开始。

他们的头儿告诉我们等一会儿。然后他走到一边，和队友们商量了不下两个小时，想做出一个决定。最后，他的临时聚会终于结束了。

"你们可以过去，"他说，"不过要小心一点儿。你永远不会知道那里有什么。"说完这句心照不宣的威胁，他打开了路障。

我们终于抵达了门多萨[①]，它是这趟旅途第一段主要行程的终点，更重要的是，这座城市距离美洲的最高点——神话般的阿空加瓜山非常之近。本质上，我始终，并将永远是个山地向导。因此，阿空加瓜山诱惑着我。尽管我们已经跑完了三万一千公里（一万九千二百六十三英里），但我知道，我不能拒绝那些山峰对我的召唤。于是，二〇〇四年二月，我们暂停旅程，准备登顶。

早上六点，我从常规路径离开了阿空加瓜山大本营（海

[①] Mendoza，阿根廷中西部城市。海

拔四千三百米的穆拉斯广场）。七小时十五分钟的攀登后，我抵达了山顶，沿途经过了如下高海拔营地：加拿大营地，秃鹰巢，柏林营地，独立营地，最后是特拉瓦西亚营地和卡纳勒塔营地。

我用我的小摄影机录着像，记录着我对山顶的第一印象。太多的情绪了。我感谢了妮可。我意识到我的双肩背包太轻了，没带多少关于我女儿克莱拉和我儿子史蒂夫的东西。我想起了妈妈，应该把我对高山的爱归功于她；我想起了同样是山地向导的哥哥伊夫，想起了罗恩，想起了苏珊，还有那么多的其他朋友。

之后，在被最低零下三十一摄氏度的温度——相当于零下三十一华氏度——以及恐怖的狂风冻死之前，我又一口气爬下山回到了大本营。这段路程和以往的都不一样——在这场马拉松里，主要的困难在于对氧气的不断追寻。

阿空加瓜山——除喜马拉雅山脉之外的世界最高峰——于一八九七年被一位来自瓦莱州的向导首次征服。那正是我家乡所在的州。我的心底油然产生了深深的归属感。

当我回到门多萨时，妮可看上去已经复原了，甚至已经适应了新的环境。在我离开她重返山地生活时，她同样也恢复了常态。每晚都睡在床上。每天醒来后都看到同样的人。

诸如此类的微小细节竟然会制造这么大的不同,这实在是令人吃惊。

对妮可而言,门多萨将永远是这次环球之旅的漫漫长路上一个宁静的小小天堂。而对我来说,它将永远是一个强有力的结合点:为了另一次伟大的冒险,为了另一个梦想的实现,它既是出发点,又是返回点。

第二十五章

跑过飓风

风平浪静之中,你能学会一些东西,但还有一些,只能在暴风雨中领悟。

——薇拉·凯瑟[1]

在美国东部,有一条看不见的界线。它没有记号,但是毫无疑问,一旦穿过它,你便能够感觉到。正是这条线区分了南北,区分了寒冷严酷与温暖广阔。如果你曾去过美国,你会知道那里的人对地域非常重视——尤其是那些来自最南边的人,尽管那里其实根本都已经不是南方了,也就是佛罗里达州。

佛罗里达人住在一个延伸至美国最南端的州里,他们有

---

[1] Willa Cather(1873—1947),美国女作家,代表作《啊!拓荒者》。

着他们自己的世界。迈阿密、大沼泽地国家公园，以及佛罗里达群岛，全都湿乎乎地挤在一起，混杂着沼泽、短吻鳄、热带风暴、橘子林、肥厚的棕榈树，还有咬人的蚊子。这个生态系统有着无与伦比的美丽和神秘，这里的人们和周边的环境一样多彩而闷热。

妮可和我从迈阿密进入了美国。我们的摩托车在从里约来这里的途中丢了，结果意外地被运往了纽约。在被送回正确的港口之前，它绕着自由女神像转了好几圈。自然，这意味着好一阵子的等待。就在生活暂停于此、我们在湿热中挥汗如雨之际，我们遇到了"查理"。

一天下午，妮可去药房干些不得不干的差事，不小心听到了一名老妇人和一个药剂师的对话。这番对话让她非常困扰。

"我们得储备食物和水，"老妇人说，"我听说，现在随时都有可能。"

虽然她的语气非常平静，但妮可听到后却吃了一惊。她们在说什么？储备？为什么要储备？什么叫现在随时有可能？妮可只会说一点点英语。她尽其所能地与她们交流，问她们发生了什么事。那两个晒成了佛罗里达色的女人带着浓重的南方口音试着为妮可解释——飓风就要来了。据预测，

这将是十年来对佛罗里达海岸最具毁灭性的一次暴风雨。

妮可谢过了两位女士,匆匆赶回酒店,问前台她们是否也听说了此事。这事儿是不是真的?

前台接待员告诉她:"今天晚上就会来。你得在房间里待上二十四个小时,不要出门。一直等到它过去。"

妮可回房间的时候,整个人都陷入了恐慌之中。她冲动地首先将浴缸灌满了水,拔掉了所有电源,然后出门去买饮用水。她的脑子里想的全是什么失去一切甚至自己生命之类的东西。我们打开电视机。所有常规的节目都中断了。屏幕上一刻不停地播放着正在酝酿中的查理飓风的图片和资料。一位记者在报道的最后说道:"我们祝您一切顺利,但恐怕会一切不顺。希望好运吧。"这话一点都不鼓舞人心。

那天晚上,我们拼命想要睡着,但是将近凌晨一点的时候,暴风雨开始肆虐。狂风四起,令人难以置信,恍若末日来临。透过窗子,我们见证了这一幕奇观。树木折断,屋顶飞上天空,桥梁倒塌,汽车像树叶般翻转。

我们看向天花板,希望它能挺住。窗户似乎禁住了风暴,但它们又能坚持多久?过一会儿又会发生什么?整整一天,我们都痛苦地煎熬着,不过谢天谢地,随后"查理"开始冷静了下来。

后来得知,二〇〇四年八月是几十年来暴风雨最为活跃的一个月份,接连发生了七次主要的飓风,其中"查理"是最具毁灭性的。起初它只是西大西洋上一个不起眼的风暴系统,直到抵达古巴海岸,风速增至每小时一百零五英里后,它才开始产生威胁。在贯穿全岛的过程中,它不断聚拢水蒸气,随后重创了佛罗里达,在带走二十五条生命的同时,还造成了超过七十五亿美元的经济损失。从总体看,"查理"从八月九日持续到了八月十五日,最高峰时,风速达到了每小时一百五十英里(二百四十公里/小时)。

过了几天,在"查理"彻底消退之后,我们拿回了摩托车,可以继续开始跑步了。此时只剩下了五千公里(三千一百零七英里),我们知道,我们离终点不远了。但是暴风雨已让我们筋疲力尽,炙热的天气更是火上浇油。每过一两英里,我就得停下来喝点东西,用海绵擦擦脸,重新冷静下来。在闷热的佛罗里达,我的脑袋感觉就像高压锅里的一棵花椰菜,一天最多只能跑十九英里。而"查理"并非我们遇到过的唯一一场飓风。在沿东海岸继续前行的路上,我们曾在三个不同飓风边缘的瓢泼大雨中奔跑。

可是,当你对自己产生了怀疑,你必须将它赶走,从另一个方向痛击它。因此,每天早上,我们都再次启程,再一天,又一天……三万五千二百八十一公里(两万一千九百二十三英里)过去了,数字还在继续增长。

第二十六章

失去诺拉

> 没有语言可以表达母爱的力量、美丽、英勇和权威。人们畏缩时,它不会退缩;人们脆弱时,它反而更加强大。它抛弃一切身外之物,放射出星辰般永不熄灭的忠诚的光芒。
>
> ——埃德温·哈贝尔·查宾[①]

我不知道该怎么解释,真的,但那天打从一开始,妮可和我就相当无精打采。大多数日子,我们可以振作精神,起身上路。但也有一些日子,就跟那天一样,眼前好像总是有块绊脚石。

那是二〇〇四年十一月。我们正沿着美国东海岸朝纽约进发。那是一个不错的秋天,不是很冷,而再过五个月,我们就能到家了。

[①] Edwin Hubbell Chapin(1814—1880),美国牧师、编辑、诗人。

一个女人正站在路边等红灯。她开始用法语跟我们讲话,这让我们很好奇。在美国很少听到有人说法语。"你们是信徒吗?"她问。妮可和我不太知道该怎么回应。灯变绿了,我们往前走了几百米,但她一直跟着我们。她在妮可面前挥动着一本小册子,上面的标题写着:"当死神降临你所爱的人"。

通常我们都会把这种东西扔进垃圾桶。但那天不知出于什么原因,妮可留下了它,并放进了拖车里。而我也只是耸耸肩,没有多说。

那天我跑了三十六公里(二十二英里),简直是一场恶战——我是说真的。晚上扎营的时候,我已经彻底筋疲力尽。

妮可拿起那本小册子,用手指拨弄着。看得出,她有些心烦意乱。每当她真的在思考什么事情的时候,脸上总是这个表情。

"瑟奇!"她问,"如果失去了一个亲近的人,你会怎么反应?比如我,或者你妈妈?或者是你的一个孩子?"

有趣的是,虽然死亡与我们如影相随,我们却极少真正谈及它。不过,那很可能是因为我认为不值得对这个念头多花心思。

依我想来,我会一直跑到一百岁,然后坐下来安静地度过余生。

我一直说，我需要至少五次生命来实现我一半的梦想，然后再用第六次生命安安静静地待着。我不害怕死，但我希望从容前行。

因此，我猜我对自己所爱的人有着同样的期盼，所以只会考虑他们的人生、他们的潜能，而从不考虑我会怎样失去他们。

但是坐在那里，思考着"失去"这个问题，我想我知道了自己会有什么感觉。

"或许和其他人一样。"

然后，我们不再谈论这个问题。坦白地说，我没有这个心情。一天的辛苦之后，你只想获得鼓励，而不想去思考那些可能会发生的坏事情。于是，妮可起身去营地冲澡，我则坐在那里看起书来。

这时，电话响了。一种非常特别而尖利的声音。为了以防万一，我们一直带着卫星电话，只是很少使用。

是我哥哥伊夫。

"喂？"我说。接到家里打来的电话总是很开心。在那些煎熬的日子里，一个熟悉的声音就好比一整晚的睡眠，可以让你迅速复元。

但哥哥的声音却不像我这么兴奋。

"瑟奇，你最好先坐下来。"他有些犹豫不决的样子。

妮可冲完澡回来的时候，发现我面无血色。我几乎已经无法呼吸，也无法坐直。悲伤如此汹涌，我觉得自己几乎什么都做不了。我让妮可躺下来。我想她已经猜到发生了什么事情。

"诺拉妈妈离我们而去了。"我说。

她是在她家里去世的。就在她七十五岁生日的两天前。就在多年前我爸爸因为心脏病发作而去世的那间厨房里。

离开西恩的时候，我考虑过可能会发生的最坏的情况。我们必须做好准备面对路上可能遇到的那些事情——危险、疾病，甚至失去彼此的可能。然而，我从来没有真正考虑过可能会在瑞士发生的事情。我以为他们的生活会一如既往，我以为回来时仍能见到送别我们那些完整的微笑脸庞。他们会热切地拥抱我们，亲吻我们的脸颊。在西恩还会有什么麻烦呢？宁静的、甜蜜的西恩。

可是我的母亲，一直因她的远足和冒险而闻名的母亲，开始了她最后一次散步，并永远不会返回。在我朝着纽约的璀璨灯火沿东海岸奔跑的同时，她也奔向了千千万万公里以外的另一片灯火。

我不太明白。这种痛与我经历过的任何东西都不一样。

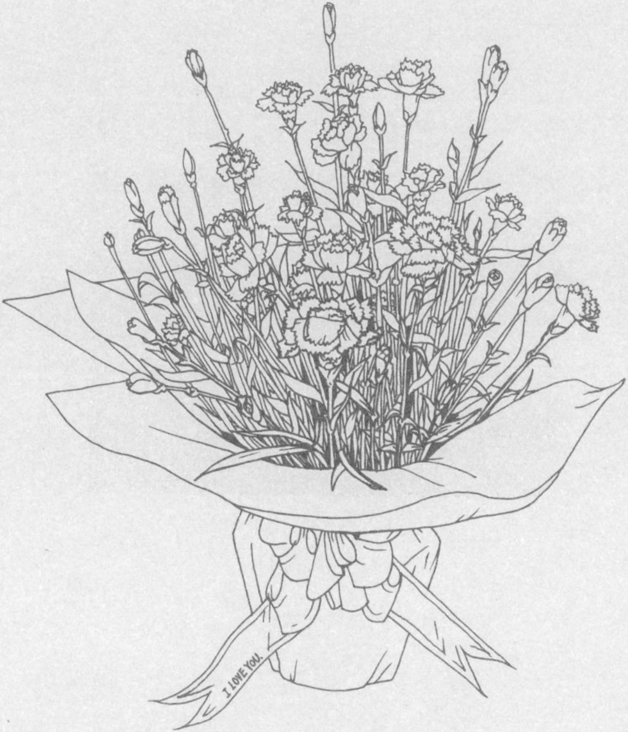
I LOVE YOU.

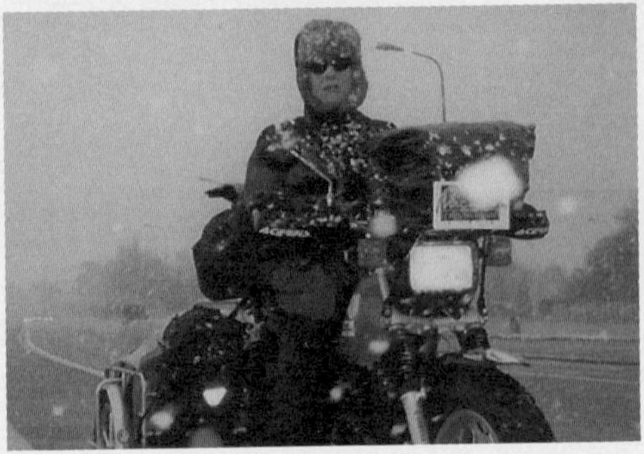

比一切身体上的劳损都要糟糕。我的呼吸沉重、浑浊，然后还会消失，我开始完全无法呼吸。这对我而言毫无意义，可这一切荒谬都令人伤痛。

她的身体状态很好。就在三年前，她还在我哥哥伊夫的带领下又一次登上了四千零二十七米高的阿拉林峰。妮可总是亲热地叫她"山里的小山羊"。她怎么能就这样消失了呢？她有着无穷的精力。她给我带来了对大自然的爱，与山的亲密，以及对极端事物的热情。正是因为她，我才成了现在的我；如果没有她，就不会有我的环球之旅。

然而，我的母亲就像活着时一样，安静地，平和地，没有打扰任何人，悄悄地离开了。

我得回家。可是怎么回去？最后，我想到了美国堪萨斯市的一个远亲。美洲挑战赛时，我与他在加利福尼亚第一次见了面。自那之后，乔与我就变得像兄弟一般。我急忙按下他的号码，但是接通之后，我却说得杂乱无章。他当时正在一家大酒店的大堂里，周围一片喧哗，根本听不清我的话，这让他更加无法理解我在说什么。起初他还以为是妮可死了。最后，我终于让他明白是我母亲去世了。他兄弟般友爱地对我说，不要担心，他会帮我们买票，安排我们飞回日内瓦。

美洲挑战赛期间，妮可失去了她的祖母路易莎。几个月前，我们跑在北卡罗莱纳州的时候，她又失去了心爱的阿莱特姑妈。因此，她能真切地理解我的伤痛，并尽可能地安慰我。不过，她自己也非常悲伤。她已经深深爱上我的母亲了。我想尽快回家。我渴望见到妈妈，渴望有机会做最后的告别。

谢天谢地，第二天乔就让我们坐上了飞机。我们刚刚与他和他可爱的妻子茱迪在堪萨斯市共度了此前那个周末，之后又陪他们参加了洛特里家族的聚会。

回到西恩之后，我在母亲身边待了好几个小时。我久久地对她讲述着，告诉她在我们的环球之旅中发生的故事。我知道她能在某个地方听到我的话，并且会为了我们所做的一切而感到高兴。我还知道她会告诉我们，无论发生了什么，都要坚持不懈。我们必须继续前行。我几乎可以听见她又在像责骂小男孩那样责骂我："瑟奇，这是人生的一部分。人总是会死的。这就是你因对某人的爱而付出的代价。你会伤心。这很正常。但它迟早都会被治愈。记住：再过五个月，你就能实现目标了。你必须继续前进！生活仍在继续。"

的确如此。几天之后，妮可和我再次登上了飞机。降落的时候，我们已经在纽约的门口了。虽然仍旧悲伤，但我们确信，母亲会陪着我们一起进入伟大的曼哈顿。

第二十七章

瑞士的阿甘[1]

> 人会立刻就爱上纽约。在这儿待上五分钟,就会像待了五年那样对它无法割舍。
>
> ——汤姆·沃尔夫[2]

凌晨时分,我们踏上了布鲁克林大桥。大桥建于一八八三年,是美国最为古老的吊桥之一。它跨立东河[3]两岸,联结着纽约著名的曼哈顿区与布鲁克林区。不夸张地说,它是一个标志。

这是一个生动别致的纽约十一月的早晨。云淡天朗,灯光从刚开门的餐馆和写字楼里投射到黎明前的黑暗中。商贩们坐在街角,报童举着手中的黑白报纸,好像重返了印刷物

---

[1] Forrest Gump,同名美国经典小说和电影的主人公,因坚持跑步而获得成功。
[2] Tom Wolfe,出生于一九三一年。美国记者、作家。新新闻主义的鼻祖。
[3] The East River,美国纽约州东南部的海峡,位于曼哈顿岛与长岛之间。

统治世界的时光。

那天早上我很兴奋。我们打算跑二十英里,穿过大桥,跑过街道,最后在世贸中心遗址停步。在环球之旅的所有路段当中,这是我最为期盼的一个。跑过"臭名昭著"的第五大道——几英里都不间断的穷奢极侈,世界上最为昂贵的一条道路。

第五大道始于格林威治村的华盛顿广场公园,然后一路向北,通往市中心。它途经中央公园,成为上东区与哈莱姆区[①]之间的分界线。

很难解释我们抵达第五大道时的感受。因为尽管我一直对它有所期盼,妮可却始终心怀恐惧。纽约的巨大让她不知所措。每一条干道都堵得死死的。我们怎么才能从这儿跑过去呢?怎么才能把摩托车骑过去呢?但是随着我们的稳步前进,我发现她放松了下来。纽约就是对人有这种影响。它会让你立刻就喜欢上它。

有些日子,跑步不像一个任务。它不像是我日复一日、月复一月、年复一年一直在做的某件事情。最为简单的东西——比如一个地方——会让一个陈旧的动作变得极其不同而新鲜。而纽约就是一个有这种力量的地方。

后来,妮可说纽约是一个值得用上所有溢美之词的城市:

① The Upper East Side and Harlem,前者为纽约富人聚集地,后者为黑人住宅区。

令人震惊，使人胆怯，让人迷醉，那么多的形容词对它来说似乎都恰如其分。国际化在这里体现得淋漓尽致。一半以上都是外来人口。这里似乎流行一种追求伟大的狂躁症：最高的，最美的，最大的。建筑上的成就非常显著。而且纽约还披着一件用五彩灯光织成的斗篷。我们哪儿都去过了，可以这么说，任何其他城市都没有这种效果。

我们抵达大桥另一端，踏上第五大道时，太阳已经升上了天空。橱窗装饰得丰富多彩；尽管已经是早上，仍到处都闪耀着灯光。可以看出，圣诞节就要到了。五条车道的大街上，交通已经开始繁忙，川流不息的出租车和运货卡车都朝北面驶去。

你能想象纽约，也能想象着它的居民。转过每一个街角时，迎面而来的人都会盯着我们。

世界各地都有人好奇地看我们。在印度，人们会紧紧地盯着你看。他们离你只有几英寸远，惊诧而好奇地瞪大眼睛。他们的眼里没有傲慢、仇恨或蔑视。在欧洲，人们从眼角看你，缄默地瞥上几眼，以为你不会发现。可是，纽约人不会沉默。这座城市和它的居民从不会错过吐露内心真实想法的机会。

一辆黄格子出租车正在大桥脚下等红灯，司机打信号让我们停下。他看了一眼穿着短裤的我，骑着摩托的妮可，以及忠实地在她身后隆隆作响的拖车。然后,他将涌进脑子的第一个念头脱口而出:"你们两个究竟在干什么?"

这是一个体格魁伟的家伙,腹部略鼓,没刮胡子。一杯邓肯甜甜圈店的咖啡放在杯托里,他的手机放在另一个杯托上。他正把一份报纸重重地扔在副驾驶座上,似乎是想制造点声音来打发时间。他的语气很粗暴,但也有点好奇。要是你能静下心来的话,甚至能听出一点善意。

"我们这儿当然有很多有意思的人,但我从来没见过像你们两个这样的。"

当然,这也算是褒奖了。这座城市并非一个轻易就能引人注目的地方。你会看到一个男人穿着熨烫整齐的布克兄弟牌①西装,站在街角打着电话,而离他两英尺远的地方,一个脚上裹着面包袋当鞋子的男人正摇晃着手里乞讨用的杯子。而离他们又有两英尺远的地方,一个女人从头到脚都穿成了芭比娃娃的粉红色,头发僵硬地竖着,泛出闪亮的紫红色光泽。

在纽约引起关注不只是不同寻常,简直就是一个奇迹。

妮可把摩托停到路边,我们和他神聊起来。我们告诉他我们是从哪里开始的,已经走了多远,以及我们打算实现什么。他的眼神有些困惑。我们每说一两句,他就会拍一下方向盘,并且唾沫四溅地说:"你们是在逗我,对吗?"

---

① Brooks Brothers,美国高级服装品牌。

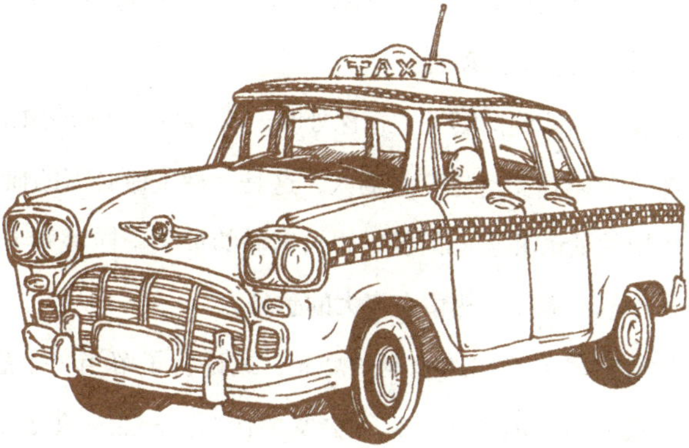
TAXI

等我全部讲完的时候,那个男人已经彻底目瞪口呆了。

"噢,我惨了。"他说,并且重重地按响了喇叭。接着他又按了一次以示强调。然后,他打开收音机,调到了纽约出租车频率。

"伙计们,你们绝对不会相信,"他说,"我遇到了瑞士的阿甘。"然后,他把我刚刚讲给他听的故事原封不动地重复了一遍,只是里面或许夹杂了几句粗口。

我们跑开的时候,他使劲按下喇叭,并且将胳膊从车窗里伸出来,在空中挥动着。

当我们继续跑向第五大道深处时,我的步履开始匆忙。

在路上遇到支持你梦想的人,这是一种生命必需的血液。他们赞扬的话语和衷心的笑容跟自家做的饭菜一样营养丰富。可是,我不知道他的热情有多大的感染力。

如果你曾见过纽约圣诞的灯光,或许会了解当一个想法涌入并攻占这座城市时,究竟会发生什么。一点火花怎么会燃起这样一场大火,在一条又一条的大街上横冲直撞,吞没路灯柱和窗玻璃、公园和店面。纽约是一座有感染力的城市,人们对它的忠诚狂热而流畅。就连巴黎小酒店里抱着膝上哈巴狗的小淑女们都了解这一点。

而那一天,出租车司机们抓住了自己的兴奋点。我猜是某种东西让他们想起了纽约的本质,想起了他们来纽约的最初目的。这座城市是一个有魔力的地方。这里不存在"不可能"。在那一段时间里,沿着第五大道奔跑的我,对他们而言是一个纽约人,正在攻克最不可能的壮举。我要证明所有人都是错的。

鸣笛声攻占了第五大道。他们踏实有力地按下喇叭,并且不时地从车窗里探出头来。"加油,瑟奇!跑,瑟奇,跑!"

那是"臭名昭著"的短暂一刻。成百上千的人终于明白了我们在做什么,我们又为什么要做。在这个世界上,或许没有什么事情比出名让人感觉更好。

行人、商务人士和街边的摊贩全都四下环顾,想知道今天这座城市出了什么问题。他们看向出租车司机,似乎以为他们全都喝醉了。然后,他们回到了自己的事情上,就好像这实际上也许只是件平常事。

这是我们的小秘密。我们与这座最伟大的城市的整个出租车系统之间的秘密。这个秘密关于汽笛、关于胜利,关于沿着第五大道一直跑向我们梦想的尽头。

然而这时,在所有这一切当中,我停了下来。恰好在第五大道上,我们跑完了我们的第三万七千公里(两万两千九百九十英里)。对大多数人来说,这或许只是个随机而无关紧要的数字，但它意味着我们又跑完了一千公里。这漫漫的长路上，有难以忘怀的相逢，有躁动不安的时刻，也有纯粹而极致的快乐。它还意味着我们离瑞士更近了。只剩下三千五百公里（两千一百七十五英里）要跑。虽然我们还得再走几个月，但与整个旅程相比，似乎已经触手可及。

按照每次跑完一千公里时的惯例，我亲吻妮可来纪念这第三万七千公里，然后再次开始跑步。再过不到三十分钟，我们就将完成今天的旅程，站到世贸中心双子塔曾经矗立的地方前面。有一群朋友正在那里等我们——我们瑞士的朋友，摄影师亨利·拉帕和他儿子多里安；罗恩·赞伯和苏珊·赞伯，他们是直接从阿拉斯加来的；还有从堪萨斯来的我们亲爱的家人，乔·洛特里，他一直紧密跟随我们，在我们环球跑的过程中给予了极大支持。

在一个离家如此之远的地方，我们却好像是要回家一样。

第二十八章

找到你的节奏

> 旅行是偏见、固执和狭隘的终结者。正因如此,我们当中的很多人才亟须去旅行。终生偏居一隅,将无法获得对人与事的广泛、健全并仁慈的观点。
>
> ——马克·吐温

跑步感觉如此自然,这有什么可惊讶的吗?每年都有超过一百万的人去跑马拉松。他们系好鞋带,别上号码,在公路上艰难跋涉二十六点二英里。因为在大步前行、不受约束的时候,他们头脑、身体和灵魂里的某种东西感觉非常良好。就算流血、受伤、刺痛或者抽筋,身体仍然自由自在,砥人心智。而不可避免地,只要你坚持前进,总会找到你的节奏。

很多动物都是出色的跑步者。它们特意被塑造得非常敏捷。但人类却是为耐力而生。哈佛大学人类学教授丹尼尔·利伯曼说："在力量与速度方面，人类是差劲的运动选手，但是在稳健方面，我们表现则很突出。我们是动物王国里的乌龟。"

不过，我不介意做乌龟。通过坚持与力量吸取全部经验。有始有终地将某件事情坚持到底，而不是一时冲动疯狂爆发后便精疲力竭。在某种程度上，我们人类更适合大画面而非小图景。规则简单而永恒：始终坚持前进。

抵达瑞士的那一刻，我双腿的每一个部分都能感觉得到。它们知道，艰苦的跋涉终于走到了终点。我一步步向前跑着，意识到路面正把脚趾弹起。与将近五年之前相比，我的脚趾们几乎仍然拥有同样的热情。在这段旅途中，我的每一条腿至今都已将我向前推进了三千三百多万步。而我仍在向前移动，我双腿里的肌腱就像大个的橡皮筋，先储存能量，然后再释放出来，让我能够啃掉那一段又一段的路途。到了这个时候，我本应该已经跑累了；甚至应该已经开始怨恨跑步。可是那最后的一天还有十八英里要跑，没有恶心，也没有恼怒。我的两条手臂前后摆动，每一次都在为对方做着平衡。

不，我不会说我累了。我那天的唯一感觉是尚有余力。

我们在路上拐了个弯，然后瞥到了地平线上远远的家乡。这种感觉很奇妙，五年来你做的所有事情都是"走"，而现在你回来了。你会以为我将如释重负。在某个角度上,是这样的。无论何时离开一个地方,你都得放弃一些东西。人、记忆、舒适、持久感、安全。家是一条温暖的毯子,是火里的木柴,是让一切不稳定的新事物可以巩固并成长的基础。我爱我所来的地方。我们不再需要在睡袋里过夜,不再需要扎起帐篷,敲门寻找食物。我们不再需要乞求或生活在匮乏之中。我们可以挂起照片,在新鲜洁净的被单里睡觉。总而言之,我们属于这里。

跑向我们有权称之为家的那个世界的角落,看着天空底下马特洪峰那刀削斧凿一般的顶峰,这一刻我心里的骄傲怎么可能隐藏?在瑞士,我知道自己下一秒会遇到什么——阿莱奇冰川[1],欧洲最长的冰川。锁着山麓蜿蜒而上的铁路线。浸泡在温泉里的心满意足。那些小镇和镇上居民的魔力——他们不为世上那些快速的成功所动,而是沉迷于山谷里和高山上那些多年来一直存在的成功。这一路,我见到了太多省吃俭用、勉强糊口、始终生活在匮乏当中的人。他们衣不蔽体,遍身污泥。他们的房子都是用废旧金属、纸板或是木头建成的。贫穷和战争的碎片像蒲公英般遍布世界各地。如果我们不觉得自己幸福,那就是自私。

不过,正如瑞士是我的家一样,在某种程度上,脚下的

[1] The Aletsch Glacier,位于瑞士南部,是阿尔卑斯山脉中最大的冰川,面积超过一百二十平方公里。

路也变得同样熟悉和舒服。陌生变成了放心。我不得不去想，要是连着两天都在同一张床上醒来——我自己的床上——人生会变成什么样？要是不把自己的头脑和身体逼到快乐痛苦都要挣扎的程度，又会是什么样？没有路，我会如何生存？在我心里的某些地方，如果把这些全都抛之脑后，就会感觉出了什么问题，飘忽不定。甚至奇怪。对我而言，就像每天都会喝咖啡、查邮件、翻开书本一样，跑步已成了第二天性。

我直视前方，高山像沙堡一样探向天空。我可以听见我的双脚敲在地上，左脚，右脚。它们就像一个内置的节拍器，是为了让我坚持前进而专为我服务的发条。有时候想起来，我简直不敢相信它们竟然带我去了那么多地方。穿过撒哈拉，沿着大洋路①奔跑，经过时代广场的喧哗。开普敦、悉尼、葡萄牙、阿根廷。我闻到、摸到、看到，并听到了世界醒来，见证了每一天的太阳溜进一个新的天空，超越了时区、语言和风俗。跑步可以带你去任何地方。简单地说，跑步是世界性的。

列奥纳多·达·芬奇曾写道：双脚是"工程学的典范，艺术的杰作"。他的话很对。那儿是个喧闹的地方——每只脚都由二十八块骨头构成，占据了全身骨骼的四分之一。更不用提里面的一百零七根韧带、三十个关节和十九块肌肉了。

① The Great Ocean Road，位于澳大利亚东海岸的一条行车公路，全长约二百四十三公里。

所有那些独一无二的单个零件们携起手来，合力助我们向前移动，创作出一个高效、有力而强大的作品。我们的双脚就是我们自己的集成火车头。

而且，不仅如此，世界上的任何两只脚纹路都各不相同——就连你自己的两只都不一样。无论你是坐还是站，是动还是停，它们通常都根据你的身高和体重而变化。我们的双脚很敏锐。它们理解我们。它们愿意帮助我们从 A 点前往 B 点——无论我们将这两点设在哪里，无论是一个街区之外还是海角天涯。

就快跑到最后几英里的时候，我从肩膀上方看向身旁的妮可。骄傲让我想说我可以单独完成这趟旅途。每个人心底的某一部分都会屈服于这个念头，相信自力更生与团结协作可以让你走得同样远。可是，独立不是团结的好伙伴。没有妮可，我不可能完成这件事。不能跑完一个国家，更不能跑完一个大洲。她步伐矫健，脸上刻着胆怯然而确定的笑容。我从没在一双眼睛里见过如此之多的诚挚，当她在我身边缓缓而行时，她绿色的虹膜闪烁着微光，捕捉着太阳投射的斑点。

爱是一个古怪的东西。当你初次遇到某人，突然感觉头痛、心跳、辗转难眠，你便看不到任何缺点。一千瓦的灿烂笑容。完美框住脸颊的头发。耳畔听到的欢笑声。你在脑海中反复回放这些完美的时刻。这是你一直梦想的全部。可这些东西就像风滚草①，来去何其匆匆。真爱躲在你不待在壁炉架旁边，而去出门参加晚宴的那些时刻里。它是没有剃毛的腿，没有机会洗的澡。一张不施粉黛的灰白脸庞。它是在某人呕吐、眩晕、歇斯底里大叫，或者屈服于脑型疟的时候照顾某人。它是在瓢泼大雨或焦干荒漠里跑上若干英里。它是身处浓重的挫折与绝望、饥渴与疲劳之中。爱会与最坏的事情成为知交并选择留下。爱是选择，而非给予。我不会选择和任何人一起穿过壶穴②。

面对兰斯·阿姆斯特朗③的成就，人们也许会吃惊得说不出话来。当然，他们有理由如此。可是，与大多数当代耐力运动员一样，他的成功靠的全是一直拍摄他、协助他并且照顾他的队友那双勤勉而警惕的眼睛。他的训练、日程和饮食方案都精确得不可思议。总有创可贴等着对付新鲜的伤口。他有赞助商、物理治疗，以及最为先进的仪器和技术。

而我……呃……我有妮可。漂亮、强壮而又勇敢的妮可一直耐心地骑车陪着我。她可以帮我按摩双脚，指责我让我坚持。她支持我的方式是任何现代技术或知识都无法做到的。

当我感觉自己就要精疲力竭、似乎双脚已无法再往前多走一寸时，她会给我打气。她令我重新上路，用一股简单而

---

①tumbleweed，生于北美沙漠地区的一种植物。它在生命结束时截断根部，然后像个草球一样任风吹动。
②pothole，一种很深的洞，通常通往地下洞穴和地道。
③Lance Armstrongs，出生于一九七一年，是一名美国公路自行车赛职业赛手。

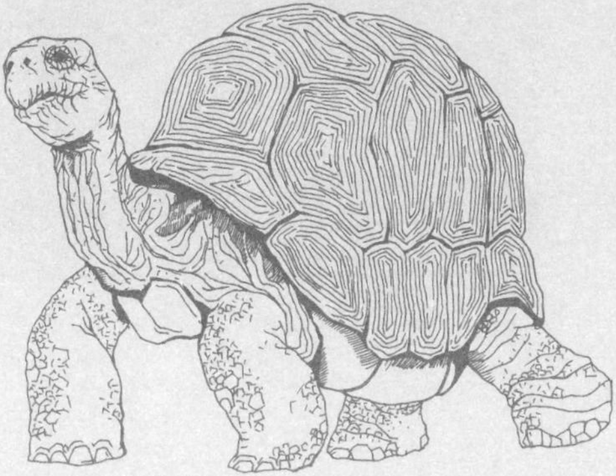

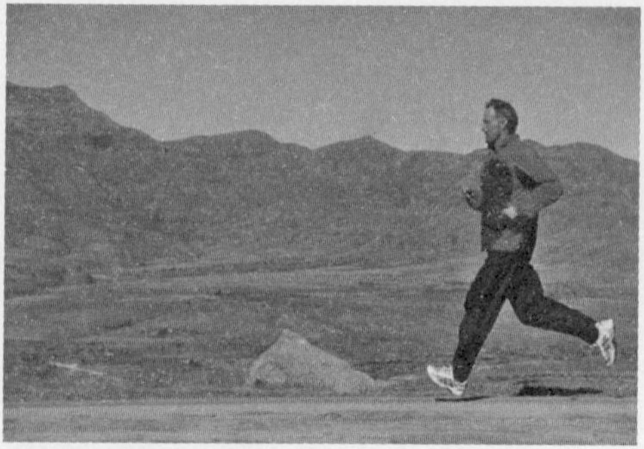

轻松的狂流将我裹挟向前。

爱与奔跑,这两种最为自然的人类本能推动着我跑过了这六个大洲,跑过了这两万五千英里的长路。它们彼此交织,令不可能变为了可能。对我来说,这毫不意外。但是,如果说在路上的这五年里我学到了什么,那便是虽然世界可以变得非常之小,但它的神奇与美丽却永远广阔无垠。

随着小城映入眼帘,妮可摩托车的嗡嗡声显得低了一点。我们前方有一大群兴高采烈的人。建筑物上,雀跃的孩子们手里,都是各种各样的横幅。空中飘着气球。他们是来欢迎我们的。我可以辨认出家人和朋友的面孔,还有我的一对儿女。但在这时,我却最后一次回头远望——望向身后空空如也的漫长路途。除了几点灰尘,视野里空无一物。而我清楚地知道,这不会是我的最后一次冒险。

我们在欢庆的人群当中停了下来。妮可和我都涌出了泪水。我听见她咔嗒一声给摩托车熄了火,这是五年来的最后一次。

尾 声

我们心中有广阔的未知疆土。

——乔治·艾略特[①]

此刻,当我坐在这里写下这一切的时候,我们的环球之旅已经结束了七年。而我可以在终点线的另一边对你们说:一切皆有可能。没有什么是不可能的。

跑过地球的周长,也就是两万五千多英里,这个念头似乎相当离奇。无论什么时候开始一件事情,只要想到它的整个过程,就会觉得充满压力。但如果你只是一英里一英里地跑,或者只去看这一天的任务而非一年,那么,"不可能"这个词

[①] George Eliot(1819—1880),英国维多利亚时代著名作家之一。代表作有《弗洛斯河上的磨坊》等。

很快就会从你的字典里滚出去了。

在《一只鸟接着一只鸟》(*Bird by Bird*)中,安妮·拉莫特[1]引用了E.L.多克特罗[2]的至理名言:"这就像在夜里开车。你只能看见大灯照到的范围,但却可以就这样走完全程。你不需要去看你在往哪儿走,你不需要去看你的终点或沿途经过的一切。你只需要看前方那两三英尺的距离。"

这正是我跑环球之旅的方式——每次只跑几英尺。

或许我不是第一个完成这一壮举的人,但纠结于纪录或认可并没什么好处。毕竟,最重要的是你竭尽全力践行了自己的诺言,不是吗?

母亲教我的原则永远不会让你失望:让你的"是"就是"是","否"就是"否"。

至于我们现在的生活,妮可在西恩的一家长期护理医院工作,这与她一直以来对不幸者的关注不谋而合。

而我则回归了我深爱的高山,重新做起了登山向导。每天早上醒来,我都能透过窗子看到白雪覆盖的山峰。只是,回到阿尔卑斯山上真正的家之后,很多事情都改变了。

我不再与妮可在一起。在某种程度上,这一事实总会令人们震惊并深为难过,尤其是那些熟悉并了解我们旅程的人。人们不明白,一对曾共同经历过这么多的伴侣怎么会不再相

[1] Anne Lamott,出生于一九五四年,美国作家。

[2] E.L. Doctorow,全名为Edgar Lawrence Doctorow,出生于一九三一年,美国著名作家,曾获美国国家图书奖等多个奖项,因其独树一帜的历史小说而广为人知。

爱。他们认为是环球之旅使我们分离。不过最终，他们看待这个问题的方式是错误的。事实恰恰相反。是环球之旅让我们相爱了那么久。我们因一段旅途、一个希望、一种生活方式而结合在一起，而当路途走到尽头，我们逐渐意识到我们的感情也已经抵达了终点。

我们仍然相互尊重。没有恨。只有理解。你必须沿着路的方向前行，但它或许不会带你去往你本来想去的地方。为了梦想，必须付出代价，而有时候，这个代价是说再见。

我们都开始了新的爱情与新的冒险。对于我们十八年的婚姻，我始终感到衷心的感激与骄傲。在沙漠的中心，在孟加拉的人群里，在阿拉斯加冬天的严寒之中，妮可这个女人的表现令我非常吃惊。她总是那么坚强，那么有力。我不确定其他人是否可以做到她所做的一切。就我而言，我们的分开对我们这个关于爱，关于自由，关于儿童，关于伟大探索的故事不会有丝毫损伤。并且我知道，我们将永远保持至关重要的友谊。

我一直没有停止冒险。就在一年之前，我还和加拿大温哥华的朋友奥利·埃尔默一起，花了六十三天划着一条二十二乘以五英尺大小的独木舟穿越了大西洋——从加那利群岛[1]到巴巴多斯[2]。并且每个星期，我都会在山麓上面对伟

---

[1] The Canary Islands，大西洋上的火山群岛，为西班牙飞地和自由港，东距非洲西海岸约一百三十公里。

[2] Barbados，拉丁美洲西印度群岛上的一个岛国。

大自然的崭新挑战。至于明天？呃，我们会看到的。

  我知道这本书在很多方面都还不够完善。我们花了五年的时间去环球跑，要描述其中的种种冒险，得需要多少纸页才行？无论我写多长，都无法忠实地记录。可是，我希望在这些书页中的某个地方，你找到了真理。不仅如此，我希望你找到了追寻梦想的信心。让你的"是"就是"是"，"否"就是"否"，每次只迈一步，绝不贪多。记住：一切皆有可能，没有什么是不可能的。

  至于我，我会一直跑到一百岁，然后安静地坐下来度过余生。

  旅途在等待着……

瑟奇

后　记

　　过去的一年半以来，我们作为一支制作团队，与洛特里·里尔红色基金会（The Roetheli Lil's Red Foundation）的代表一起，协力打造了名为《两万五千英里的爱情》的记录片及其配套书籍。身为记录片的制片人、编剧、营销人员，以及出版者，我们有幸从一独特的角度深入了解了瑟奇·洛特里的人生。在耐力方面，他取得了无数令人难以置信的成就，胜利接连不断，但大部分都不为人知。

瑟奇拥有诸多荣誉。他什么都做过了。从跑地球周长那么远，到砍刀开路穿过达连缺口，再到划独木舟横渡大西洋。每一项都是不可思议的成就，坦白地说，很难相信一个人竟然能完成这么多事情。

瑟奇的任何一次冒险都没有大队人马相陪或是大企业赞助。没有医生尾随其后，也没有营养学家把维生素灌进他的喉咙。他只是出了门，有时和他的妻子，有时和某个朋友，然后便凭着他自己的坚持不懈、贴近民情的思考、热情、决心与辛勤，意志坚强地抵达了终点线。他做这些不是为了荣誉或名声。他做这些不是为了打破纪录或青史留名。他做这些只是因为他体内涌动着冒险的血液，要把这个叫做人生的东西变成一段值得经历的旅程。

他的妻子妮可陪他进行了大多数冒险——美洲挑战赛和环球之旅。从她自身来说，个性充满活力的她敢于踏上一条未知的长路。你认识几个女人能够离开家，离开朋友，离开安全和舒适，只为骑着摩托环游世界就去冒健康、受伤，甚至死亡的风险？我们或许可以大胆地这么说，一个都没有发现！

在对瑟奇的冒险细节研究了这么久以后，我们越来越为这个男人和他的心灵而着迷。他的谦逊和他的行为一样令我们非常惊讶。就像《赛马传奇》①中的那匹马一样，他好像也被赋予了一颗超大的心脏，这不仅让他能够实现惊人的体能上的成就，而且还赋予了他无与伦比的积极而不放弃的态度。这个男人的血液里搏动着某种罕见的优良物质，令他为了他人的利益而持续前行。

世界上有很多人都完成过不可思议的耐力方面的壮举。我们研究过这些英雄，并同样对他们的故事心生敬畏。可是，考虑到瑟奇那些成就的广度与深度，我们不得不在心里思索，这个世界是否错过了最为伟大的英雄？瑟奇·洛特里，这个没有团队、没有医生的五十七岁瑞士老人，是否能够成为我们这个时代最伟大的耐力运动选手？

下面，我们列出了他成绩中的一小部分，以便您，我们的读者，可以像我们一样去了解这个男人，并且做出自己的评判。

跑步者瑟奇

正如本书中所详细描述的，瑟奇跑完了地球周长那么远的距离。二〇〇〇年二月至二〇〇五年五月之间，他在一千九百一十天里跑完了两万五千四百四十二英里，相当于

---

①Secretariat，二〇一〇年的一部美国电影，讲述一匹名为"秘书"的小马驹赢得赛马比赛冠军的故事。

每隔一天就跑一次马拉松，整整跑了六十三个月。迄今为止，我们能确定的，跑完与他同样距离路程的人只有一个——罗伯特·贾思德，但其是在无数次失败的开始之后才完成了这个壮举，并且全程有公司赞助。他完成的时间比瑟奇早二十六个月。

作为环球跑的热身运动，在一九九五年一月至一九九七年十二月之间，瑟奇跑完了世界上最长的一条公路——泛美高速公路。他从世界最南端的乌斯怀亚火地岛开始，在三十五个月、一万四千九百八十四英里之后，在骑着摩托车的妮可陪伴下，在十二月份零下二十四华氏度的刺骨寒风里，跑到了阿拉斯加的费尔班克斯。

瑟奇跑完了全部或部分的撒哈拉沙漠（二〇〇〇年）、阿塔卡马沙漠（一九九五年）、西奈沙漠（二〇〇一年），以及死谷（一九八六年）。他还在一天之内从大峡谷的边缘跑到了谷底的科罗拉多河，然后又爬了五千二百五十英尺爬上来。

一九八九年十月至一九九〇年五月之间，瑟奇在欧洲跑了六千五百英里。从直布罗陀到挪威的北角，大部分都是在冬天。整个旅程当中，他平均每天跑的比一场马拉松还要长。他还从意大利的巴勒莫跑到了米兰，在四十一天内跑了一千一百英里，同样平均每天跑得略多于一场马拉松。

一九九三年，瑟奇还在联结六个瑞士高海拔山间小屋的山路上跑了六十英里。这一次，他在十六个小时三十分钟内跑完了累计升降两万零五千英尺的海拔高度，或者说，以平均每小时三点六英里的速度在山路上爬上爬下。

一九九四年，瑟奇沿联结瑞士阿尔卑斯山脉中五座山顶的小径跑了八十多英里，只用了十九个小时五十五分钟，平均速度为每小时四英里。

二〇〇二年，在尼泊尔，他只用了七天的时间便在喜马拉雅山脉中跑了一百五十英里，平均每天零点八个马拉松。跑安纳普尔纳大环线意味着不停地上山下山，其中海拔最高点是一万七千五百八十九英尺处的陀龙垭口。

登山者瑟奇

除跑步外，瑟奇还登上了欧洲、非洲、北美洲以及南美洲的所有最高峰：勃朗峰，一万五千七百八十英尺；乞力马扎罗山，一万九千三百四十一英尺；麦金利峰，两万零三百二十英尺，还有阿空加瓜山，两万两千八百四十一英尺。

瑟奇曾带客户和顾客攀登过多达四十余次勃朗峰，并曾单人攀登过一次勃朗峰上最为凶险的帕特里山脊。他曾攀登过三十余次马特洪峰（一万四千六百九十英尺），并曾单人攀登过瑞士阿尔卑斯山脉中的三十余座主要山峰。

瑟奇曾通过两天的攀岩爬上了加拿大西北地区的莲花塔①那二千六百英尺高的山崖。二〇〇二年，在尼泊尔，他和同为瑞士登山向导的朋友弗朗索瓦·热尔曼一起徒步远征到了一万八千四百七十英尺高的帐篷峰（Tent Peak）峰顶。在厄瓜多尔，他带着九名顾客爬上了五座火山，包括两万零五百英尺高的厄瓜多尔最高峰钦博拉索山，以及一万九千一百六十五英尺高的科多帕希峰。

划船者瑟奇

一九九九年，瑟奇划着皮艇在加拿大西北地区纳汉尼河那超级凶险的白浪里行进了二百六十英里。二〇一一年冬天，瑟奇与奥利·埃尔默划着一条二十二乘五英尺大小的独木舟离开了加那利群岛的海岸。六十三天、三千五百英里以后，他们一路划过空旷的大西洋（没有后援支持），抵达了巴巴多斯的海港。

① The Lotus Flower Tower，位于加拿大西北地区的纳汉尼国家公园，是Cirque of the Unclimbables中的一座山峰，因其陡峭的岩壁而成为传统高山攀岩的挑战目标。

拳击手瑟奇

瑟奇曾六次获得瑞士国家拳击锦标赛冠军（一九七三、一九七五、一九七六、一九七七、一九八〇、一九八二）。他曾在一九七六年的瑞士奥运代表队中拥有一席之地。然而，由于一个瑞士拳击官员的财务犯罪，拳击队最终没能成行。他说这是他一生中最大的失望。

骑车者瑟奇

一九七八年，在九个月的时间里，瑟奇骑自行车完成了从蒙特利尔开始的一场一万一千二百英里的观光与耐力之旅。在朝着美国西海岸蜿蜒而去的路上，他体验了北美洲的惊奇与美丽。抵达海岸之后，他又掉头向东，曲线骑向佛罗里达。

砍刀手瑟奇

一九九六年，美洲挑战赛的过程中，在达连缺口，世界上最危险最崎岖的地方之一，瑟奇与德国人乌维·迪默一起用砍刀开辟道路，穿过了一百英里茂密而变化莫测的丛林。

那个缺口里无路可走，只有沼泽、雨林和山峦。其中遍布怒气冲冲的游击队，疯狂的毒枭和吸毒者，贪婪的绑匪，患了妄想狂的政府人员，以及无数危险的动物。

人道主义者瑟奇

除了身体耐力上的成就，瑟奇还始终拥有帮助他人的宽广胸怀。在妮可的帮助下，瑟奇唤起了世界范围内对儿童困境的关注。他对一群玻利维亚流浪儿童的教育予以资助，并一直支持罗恩·赞伯医生的公益基金组织——国际视力寻求。这一组织已为多个发展中国家的数千人恢复了视力并治疗了眼疾。在环球之旅的过程中，瑟奇和妮可曾与赞伯医生及其团队一起前往哥斯达黎加完成一次眼部关怀的任务。

瑟奇是洛特里·里尔红色基金会的一名成员。这家基金会与粮食济贫组织（Food for the Poor）一起，已在南美洲的圭亚那——西半球第二贫穷的国家，建成了接近三百座民房，四所学校，四套供水系统，四个社区/礼拜中心，以及四家商店。早年他还曾为染上毒瘾的年轻人担任过心理辅导顾问。

若想加入对其成就的讨论，请访问洛特里·里尔红色基金会的网站（www.lilredfoundation.com），并在博客上留言。我们乐于听到您对瑟奇的看法，以及您认为谁是有史以来最伟大的耐力运动选手。当然，他已经得到了我们的选票，不仅如此，他还得到了我们的心。

瑟奇总说："'不可能'只是一个愚蠢的词语。"我们希望他执着的态度与骄人的成绩能够同样感染和影响你。

《两万五千英里的爱情》制作团队

罗伯·帕范迪 Rob Pafundi

克里斯蒂·德里琳 Christy Dreiling

约翰·戴维斯 John Davies

布莱恩·卡利斯 Brian Kallies

普里西拉·佩希 Priscilla Pesci

戴维·邓纳姆 David Dunham

洛特里·里尔红色基金会代表

乔·洛特里及茱迪·洛特里 Joe and Judy Roetheli

艾格尼丝·洛特里·盖特纳 Agnes Roetheli Gaertner

梅丽莎·普莱斯 Melissa Place

欲知更多关于瑟奇及其成绩的信息，请访问网站：

www.the25000milelovestory.com

www.lilredfoundation.org

建议您阅读妮可对环球之旅的记录——《妮可日记：环球跑……丢掉我们的弹球》，以及瑟奇与妮可合著的漂亮彩色画册——《继续跑：美洲挑战赛》。其中同样是关于瑟奇和妮可的伟大故事。

附录

数字环球之旅

Distance	World Tour	25,422	miles in world tour
	5,280 feet/mile	134,228,160	feet in world tour
	12 inches/foot	1,610,737,920	inches in world tour
Size 7 Lady's Shoe	9 inches	178,970,880	shoes end to end for world tour distance
Size 9 Man's Shoe	12 inches	134,228,160	shoes end to end for world tour distance
Lipstick Tube	3 inches	536,912,640	lipstick tubes end to end for world tour distance
Milky Way Bar	4 inches	402,684,480	Milky Way Bars end to end for world tour distance
Greenies Dog Treats	4.5 inches	357,941,760	Greenies® end to end for word tour distance
Coca Cola Can	5 inches	322,147,584	Coca Cola Cans end to end for world tour distance
Strides	24 inches	67,114,080	Strides for world tour distance
		33,557,040	Jolts to each knee on world tour

在路上的天数：1910

在路上的月数：63

跑的总英里数：25422

洲数：6

国家数：35

在帐篷里度过的夜晚数：>1200

给孩子们脸上带来的笑容数：成千上万

在哥斯达黎加治疗的眼睛数：592

消耗的可口可乐吨数：6

穿的鞋双数：64

妮可用的唇膏管数：101

瑟奇每只脚落地的次数：≈ 33600000

旅途中克莱拉和史蒂夫探访瑟奇的次数：8

为孩子们募集到的钱数：$420000